ENTRE UMA E OUTRA PALAVRA

encontram-se

SAULO CÉSAR PAULINO E SILVA

DEDICATÓRIA

Para Sandra e Manuela, meus eternos femininos.

CONTEÚDO

AGRADECIMENTOS

Agradeço a todos e todas que, direta ou indiretamente, contribuíram para a construção da minha percepção do mundo em seus mais variados matizes.

APRESENTAÇÃO

Eis então a obra!

"Entre uma e outra Palavra, encontram-se" o autor Saulo César Paulino e Silva edifica sua obra... uma construção de signos que flutua na relação do significante com o significado e apresenta sua arquitetura mágica. Engajado em seu templo, com olhar atento para a realidade do seu universo (atemporal e atrevido), semeia sensações e impressões do mundo e espalha poesia ao vento, semeando imaginações.

O lirismo acentuado em uma métrica moderna de construção poética, ora simbolista, ora semiótica, presenteia o leitor com dinamismo e movimento. As palavras se metamorfoseiam, dão movimento ao texto, criam imagens e trazem à tona as experiências do autor, o seu olhar crítico e inquieto sobre o mundo.

A palavra é coisa propriamente dita, é objeto

lúdico e, como em um faz de contas, desvenda mundos, apresentando sua dura realidade. Se em seus poemas o autor brinca com a imaginação sem se furtar da crítica social. Já, em outro tomo, suas crônicas são verdadeiros artigos, manifestos, sutilmente decorridos sobre tabus, que o mundo moderno varre pra debaixo do tapete. Problemas crônicos como a fome, opressão, discriminação, manipulação da massa por líderes religiosos e outros atentados ufanistas alucinados, faz com que Saulo solte o verbo, sensibilize e conteste a servidão do trabalhador, o cristão submisso, os aparelhos opressores do poder, as falácias midiáticas implícitas nos discursos do ódio e caos aterrorizante dos fantasmas do passado.

Se a inquietude de Saulo vem em alto e bom tom, também reserva espaço para um saudosismo nostálgico de memórias românticas de campo Grande, da praça Alexandre de Gusmão e seus arredores, do enérgico e cruel contar do tempo no calendário gregoriano e de um ufanismo inocente. Entre umas e outras palavras curiosas e enigmática, expõe o olhar poético deitado sobre a paisagem urbana. Sua leitura de mundo se apoia detalhes singulares e sensíveis, coisas de poeta.

Para coroar esse universo da poesia engajada e das manifestações críticas, o autor ainda nos presenteia com mais um tomo dedicado exclusivamente aos contos, dez no total.

São deliciosas narrativas, carregadas de metáforas, que resgata momentos mágicos e saudosistas da pureza fantasiosa da infância triunfante na arte de

fazer bolinhas de sabão, que guarda o arco-íris e a chave para um lugar encantado. Também nas horripilantes histórias do Tio Bizoga com seus causos assustadores de fazer tremer a molecada; na pergunta curiosa e ingênua do filho sobre para onde foram as pessoas marrons; no caso comum da tragédia de Sérgio; no abrigo de Bárbara contida nas ruinas de uma velha casa; no culto à sacolinha para expulsar o demônio em um conto que não foi do vigário; na viagem e deslumbramento com o universo no dia do planetário, nas lembranças do garotinho vendedor de amendoim, no embate da gentileza por um assento para dois e o resgate da memória ferroviária acentuado do trem para Anastácio... Sutilezas poéticas fantásticas com pinceladas líricas que entre uma e outra palavra, toca a alma do leitor. Uma joia!

Jair Farias

Escritor e Jornalista

INTRODUÇÃO

A ideia de reunir em uma mesma obra diferentes gêneros textuais surgiu da necessidade de atender a uma inspiração criativa, que se espraia para além do texto meramente poético-literário, desprendendo-se de um momento diacrônico, em seu pretérito perfeito. Ou seja, assim como nossas identidades são múltiplas e não fixas, conforme, Hall, 2005, nos aponta, em seu livro "A identidade cultural na pós-modernidade", a construção de uma identidade criadora é também múltipla em suas facetas, transformando-se e reconstituindo-se como um quase-todo, diariamente. É nessa perspectiva que surge "Entre uma e outra palavra, encontram-se", como uma metamorfose literariamente desafiadora para aqueles leitores mais conservadores, em particular, que veem no texto um produto acabado, não pautado pela ação discursiva. Texto esse que se reinventa a cada leitura, a cada verso reconstruído. O conjunto da obra apresenta como gêneros definidos, se os formos classificar assim o seu conteúdo, em poemas, escritos e visuais, crônicas literárias e políticas e contos.

Essas ideias, que agora apresentamos em forma de livro, é o resultado de uma produção, que se estende ao longo da vida, sem, contudo, ficar atrelada à preocupação de contar os anos, os meses, os dias, as horas ou os minutos. Dessa forma, embora a data de produção de cada um deles abranja vivências representdas em diferenes recortes temporais, os textos de "Entre uma e outra palavra" apresentam características mais sincrônicas, intertextualizando-se com o olhar-pensar, que aprendi intuitivamente a compor na percepção da vida e, consequentemente, do mundo. É nessa perspectiva que faço esse convite para vocês se deixarem levar "entre uma e outra palavra, encontram-se", dinamizando a fruição de suas vivências-leitoras no redescobrimento dos significados, que estão muito e para além da escrita.

Saulo César Paulino e Silva, dezembro de 2022.

Tempos de esperança após a derrota do fascismo nas urnas brasileiras

POEMAS

AUSÊNCIA

A sombra reflete-se na água

O rio espelha-se na sombra

Assombram-se

Partem-se

Diluem-se

Percorrendo-se

O homem

Reflete-se nos olhos

Parte-se

Dilui-se

Percorrendo-se

CICATRIZES

A luz oscila

Os homens bebem um passado
de luto.

Deformam-se percorrendo-se

Vestem-se com suas cruas
rugas

Distâncias

Desmemórias

Trêmulas cicatrizes reluzentes

O DESCONHECIDO

Passos

indiferentes

um homem caminha

Atravessa

lagos

oceanos

A chuva

molha de luto

o seu sobretudo

DESAUTORIA I

Moldura

Quadro

Quase-pintura

Um homem Esboçado

Persiste

Anônimo

DUAS FACES DE OUTONO

As duas faces da palavra

estão ocultas

obscuras

cobertas de mistério

São duas faces

perdidas

nesta tarde

de outono por calçadas

de áreas largas

São dois rostos

espremidos na multidão

à procura de seu

próprio contexto

Confundem-se com as flores

que circundam o parque

Desfazem-se ao sopro

do vento

e partem

apropriando-se

de sua alma.

ELES CHEGAM

Na calada da noite

Eles chegam

Exalando o cheiro da morte

Entre o estampido e o alvo

Um sonho prestes a partir

Uma vida

Um sorriso

Uma lágrima

Um adeus antecipado

Um país que se despedaça

Eles partem

Na calada

Exalando o cheiro da morte

Silêncio

Um corpo inerte

Apenas

ENTRE UMA E OUTRA PALAVRA[1]

Entre uma e outra palavra

Nosso amor não se deu

Se perdeu entre frases não ditas

Pensadas que a vida escondeu

É claro que tudo é escuro

E sem ilusão

Na linha que cruza e fere

O meu coração

Alma de poeta

É certo eu sei que doi

---

[1] Música tema do álbum, de minha autoria, que inspirou o título deste livro.

Nem por isso eu sou seu heroi

Você que muito dizia

De amar e amor já sofria

Hoje entrou em sistema

Onde eu não sou problema

E fico olhando os seus olhos

De pena

Hoje entrou em sistema

Onde eu não sou poema

E fico olhando os seus olhos

De pena

FRIDA

Na parede a arte

Que liberta

Libertária

Cala Profundamente

Em nossa essência

Frida

Femininamente

Converge

Distopicamente

Sob a luz

Da eternidade

GAIOLA DE PÁSSAROS

Voo interrompido

 canto adiado

Poesia inútil

- poeta alforriado –

Dores pensadas

ditas

malditas

Poeta que ontem falava

hoje mudo

repete a dor do mundo

é outro o seu

Eu

apenas escuto

surdo

tudo

mudo

LA TARDE [2]

El viejo

mira la calle

La vieja

no se olvida

Hace tricot

y volve sus espaldas

para el mundo.

La fresquera azul

esta en el bacón

- puesta en venta –

El olor

---

[2] Revisão para o espanhol realizada por Daniel Kovac

sabe a cebolla

en el aire

anuncia un entardecer

anticipado

Besos cansados

Cuerpos sudados

Nostalgia recompuesta

para el próximo dia.

MAR IMAGINADO

Diante do papel:

o silêncio

Um mar imaginado

fotografa o momento

Linhas transversais

traçam som inaudível

Esboço

voltado só para si

Diante do silêncio: a palavra.

A pena transcreve-a

procurando-a preencher.

Cio de significados

vontade de existir

uma vez mais

Cúmplice desejo vadio

rema com a rima

rio acima caminha

O silêncio diante

do papel

do marulho

do mar inacabado

da linha o som

o esboço

a palavra

o silêncio

MONÓLOGO DAS ALMAS[3]

Arcos

Que se encontram

No lugar comum

Imobilizados

No tempo

Infinitos

A percorrerem

Os espaços

De seus próprios vazios.

---

[3] Poema inspirado nos arcos do Pátio da Cruz da Pontifícia Universidade Católica de São Paulo

PEGA O NEGRO FUJÃO[4]

Ele correu

embrenhando-se   entre   as
sombras

e desapareceu na noite

Pega o negro fujão

que   vive   nas   periferias   da
história

nas cozinhas da Casa Grande

dormindo nas senzalas

---

[4] Texto em homenagem a Marielle Franco assassinada covardemente por lutar pelos Direitos Humanos. Esse texto faz parte da antologia "Liberdade", publicado pela editora Chiado, no ano de 2019.

disfarçadas de esmolas do
sistema comendo ração ofertada
por um governo canalha.

Pega, pega o negro fujão

apaga ele da memória!

Manda espancar

Matar, enterrar

Manda

Capitão, do mato, do lado

no Planalto Central.

O açoite soa como metáfora

do castigo imerecido!

Maldito, não dito.

Pega o negro fujão,

Que aprendeu a ter voz;

Que aprendeu a lutar;

Que aprendeu a gritar;

Que aprendeu a ser gente.

E virou semente para florescer
nas consciências negras,

amarelas,

pardas ou brancas.

De todas as cores,

De todos os tempos.

Viva Marielle,

Para sempre!

REINVENÇÃO DO MUNDO

O semeador

lança estrelas

Entre as suas mãos

calejadas e arenosas

esgarça o peito

sob um sol invisível.

Destoa-se das árvores

na distância.

Planta estrelas

no céu

azuis, amarelas

vermelhas prateadas

escorregando-se para

o infinito.

Traça na terra

os rios

o riso

o esboço

de uma chuva qualquer.

No vão de seus dedos

(re)faz o mundo

(re) faz-sereinventando a vida

SILÊNCIO

Neste poço

escuro

objeto-me

espargindo meu corpo

em fragmentos expostos

O quase-tudo delira

entre o tédio e a paixão

Na retórica

irretorquível

inúmeros poetas

perdidos

Son maestros

de la necessidad

del alma

de la duda

que nos presenta

la vida

Aleja nosotros

de espacio

a menudo

Es un silencio

muerto

Una inexistencia

quizas

un todo

blanco

calido

callado

y eterno

TEMPESTADE

O vento

quebra vidraças

Sopra cálido

hálito sem cor

Sabor

de redemoinho

envolto

de tempestades

adiadas

TRAÇO

Indeléveis

PARÁFRASES

Traço

METAFÍSICO

meta

LINGUAGEM

abstração

PALAVRA

inexata

PERPENDICULAR

meridiana

POESIA

permitindo-se

TRANSIGÊNCIA VERBAL

Eu passo

Tu passas

Ele passa

Nós passamos

Vós passais

Eles passam

POEMAS VISUAIS

CIRCULAR

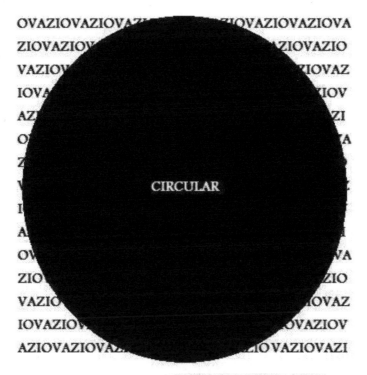

SAULO C P SILVA – 2016

DISCURSO IDEOLÓGICO 1[5]

DISCURSO IDEOLÓGICO 2[6]

---

[6] Textos inspirados na realidade dos anos de 1990 com a queda da URSS.

ENTRE O VELHO E O NOVO

2017 - 2018

ENTRE

    O VELHO E O NOVO

        A (IN)CERTEZA

        DE SERMOS

        E ESTARMOS

        PRONTOS

        PARA A PRÓXIMA

        PARTIDA

FINITUDE

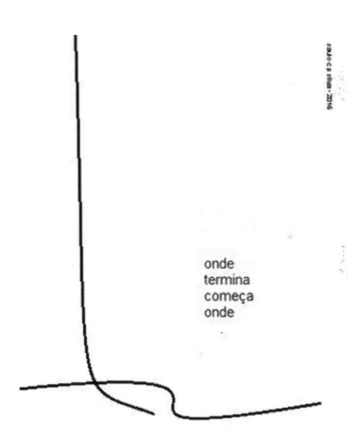

onde
termina
começa
onde

FRESTA

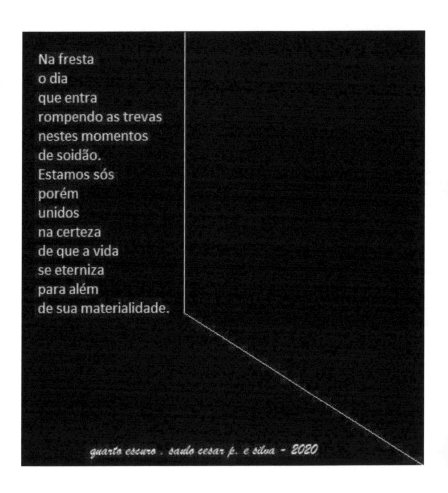

Na fresta
o dia
que entra
rompendo as trevas
nestes momentos
de soidão.
Estamos sós
porém
unidos
na certeza
de que a vida
se eterniza
para além
de sua materialidade.

quarto escuro . saulo cesar p. e silva - 2020

HORIZONTE INVISÍVEL

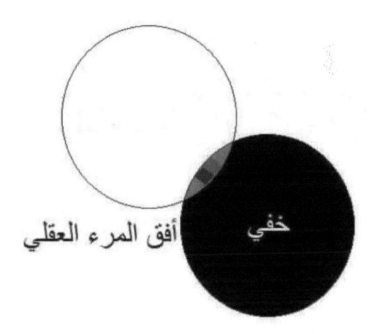

METAMORFOSE

segredos
de uma noite
guardados
entre
lembranças e desejos
na metamorfose
Ser
uma questão
do tempo
que se
esvai
trai
atrai
permitindo
preencher
o vazio
com a ausência
do seu
olhar

LIVRO DA INEXISTÊNCIA

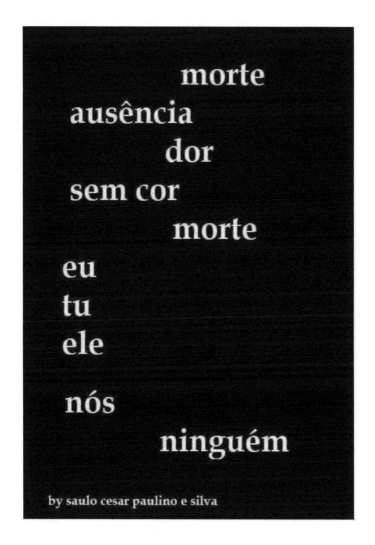

by saulo cesar paulino e silva

LUA DO DESERTO

MENTE POESIA

POEMA GEOMÉTRICO

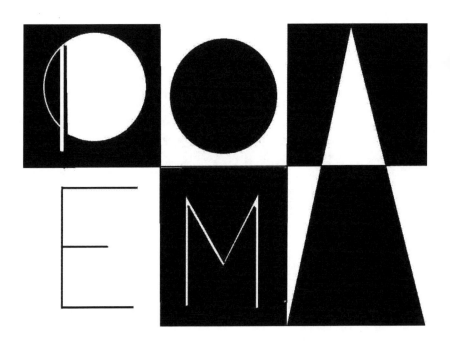

SILÊNCIO DA ALMA

poema visual – 2017
saulo c p silva

TEMPO

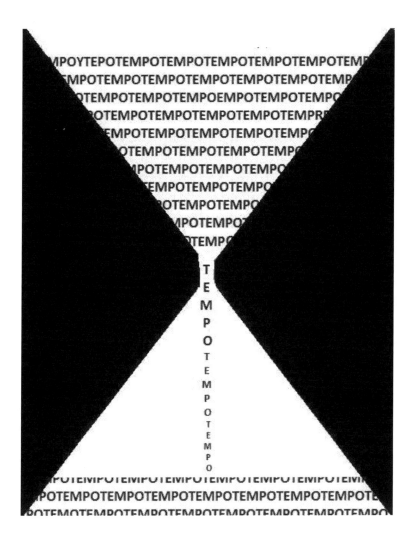

CRÔNICAS

A FOME NÃO PODE ESPERAR, AINDA QUE SEJA OUTONO

As eleições brasileiras se aproximam em um dia de outono. Candidatos (e candidatas) de todos os tipos, para todos os gostos, se expõem como produtos para o consumo em prateleiras. Promessas, falas, hipocrisia, em muitos casos, regadas a um individualismo camuflado, sintetizado na máxima popular farinha pouca, meu pirão primeiro, enchem as telas de nossas vidas, perpetuando o "toma lá dá cá". As eleições se aproximam, mas a fome não pode esperar, ainda que seja outono. Ela está em cada esquina, das grandes e pequenas cidades deste País-Continente. Em cada lata de lixo revirada, por mãos famintas de todos os tamanhos e cores, ecoa o desespero de irmãos e irmãs, tratados como chorume por um governo canalha. Quando entrar setembro, um quase-outono primaveril anuncia a possibilidade de mudança real para aqueles que precisam, ou seja, para todos e todas de um país que desmorona a cada fala insana de Nero no Planalto. A covardia, representada pelas estridentes gargalhadas de quem deveria proteger seu povo, ressoa sobre os corpos em decomposição de mais de meio milhão de, também, compatriotas, dizimados pela omissão da corrupção vacinal. Corrupção acobertada pelo discurso virulento de falsos profetas, que disseminam o ódio de seus púlpitos, que nunca foram sagrados (embora saibamos que há aqueles, verdadeiramente pastores, que não compactuam com a fala da morte). Creio que para os primeiros, os falsos, Jesus esteja envergonhado. Mas a fome não pode esperar. Somos milhões de famintos, fome essa que se metamorfoseia além da desnutrição crônica, alimentada pelo fubá com água para enganar o que não se pode. Temos também fome de dignidade, de educação, de um sistema único de saúde que atenda a todos, sem deixar que a cor da pele, ou o saldo na conta bancária (para aqueles afortunados, que ainda podem tê-la) determinem quem deverá viver ou morrer. É essa eugenia disfarçada pelos "homens de bem", quase sempre brancos, pertencentes as oligarquias, representativas das famílias "hétero-conservadoras", responsável por um pais sem futuro, sem trabalho, sem floresta. Lugar onde uma juventude periférica e negra tem os seus sonhos interrompidos pela bala fardada e assassina, que desrespeita a diversidade e a divindade. A fome não pode esperar e se não soubermos escolher, certamente, correremos o risco de não sermos.

Ainda que seja outono.

AINDA É PRIMEIRO DE MAIO

Hoje, é 1º. De maio, do ano de 2022. Hoje, poderia ser uma data comemorativa, apenas, do dia do trabalhador, mas não é! O tempo é de reflexão e também de perdas. Se iniciarmos nossa interpretação a respeito do que acontece no mundo e, particularmente, no Brasil, atualmente, precisaremos identificar as metáforas subjacentes nas entrelinhas de falsas notícias, regadas às ofensas e perpassadas pela mediocridade midiática, que reina abaixo da linha da pobreza intelectual. De um lado, milhões de brasileiros ainda acreditam no "mito", que salva o país do comunismo, ou da "invasão" das casas, pela política de um socialismo imaginário. De outro, há aqueles que despertaram (ou sempre estiveram atentos) ao discurso de ódio que objetiva a divisão, o apagamento da memória de uma história remendada a golpes e intervenções militares – bastardas - e traidoras da pátria. Nesse torvelinho, ainda consigo me reconhecer diante do dantesco e escatológico cenário com tantos mortos (oficialmente mais de 600.000), isso sem contar (literalmente) os cadáveres de pobres e pretos, que se amontoam cotidianamente nos becos e esquinas das favelas espraiadas pelas bordas das grandes cidades e seus condomínios de luxo, patricarcais, brancos e héteros. Nesse caos, projetado pelas mentes doentias e perversas, identifico alguns trechos bíblicos, recortados intencionalmente pelo satanismo oculto nos púlpitos de falsas igrejas cristãs. Nelas, a "salvação ao fogo eterno" se antecipa pela promessa vazia de uma salvação conquistada pela a imposição compulsória de um quase-dízimo-obrigatório, que compra os votos para os "Eleitos por Deus", elegendo o individualismo e o fundamentalismo como doutrinas santas. Hoje, vislumbro pelas frestas das informações (autênticas e verdadeiras), o calor da esperança vermelha de um sol que desponta no horizonte da Pátria. Ainda é 1º. de maio, e chegamos a uma encruzilhada histórica, que nos levará para a direita ou para a esquerda. A escolha de uma delas poderá representar a destruição de nossos sonhos, de nossas esperanças, de nossas vidas. A opção pela outra, certamente nos fará reencontrar nossos sonhos, nossas esperanças, nossas vidas.

Hoje, ainda é 1º. de maio.

COMO MANDAR O DEMÔNIO DE VOLTA PARA A CAVERNA

A situação caótica que vivemos, hoje em nosso país, reflete as decisões equivocadas tomadas nos últimos anos. A ignorância reinante, ditando as escolhas que deveriam ser feitas, foi uma das responsáveis pela invocação dos demônios seculares, adormecidos em tempos de democracia. Para isso acontecer, não faltaram os clamores, dos saudosistas leprosos, que pediam a volta dos militares, recordando as prisões ilegais, imaginando excitados o choque e sevicias no pau de arara, em meio a leitura de versículos incompletos das suas bíblias falsificadas. Dessa "caixa de Pandora", saíram as criaturas da noite, que começaram a devorar também as entranhas dos seus criadores. Nesse caos ensaiado, o armagedom verdadeiro se desenha a cada olhar de extermínio, lançado pelo falso messias. Pelo canto dos seus lábios frios, escorre o sangue dos mortos, renegados a uma indiferença sombria. Lúcifer está de volta e quase entronizado. Legitimado por uma legião de fanáticos fundamentalistas, o cortejo se posiciona para subir a rampa do Planalto e abrir as últimas portas, se nada for feito. Pouco nos resta de autoridade para frear o desastre, que está por vir, mas ainda há tempo para o seu exorcismo. Os sobreviventes, que contribuíram para libertar o monstro de seu claustro, agora arrependidos, clamam por justiça e direitos, que ajudaram a destruir. E o nosso maior desafio resume-se em uma simples e complexa pergunta: Como Mandar o demônio de volta para a caverna? A resposta pode ser também simples e, ao mesmo tempo, complexa:

 O voto!

CAMPO GRANDE EM MEMÓRIAS

Amanheceu!

Era um dia de festa, pois chegara o momento da viagem esperada, quando se iniciavam as férias escolares. Eram tempos em que a escola pública nos obrigava a usar uniforme composto de calça cinza, camisa branca com o brasão de armas costurado no bolso. Me recordo, ainda, que essa obrigação se estendia a uma formação militaresca, no pátio, diante de uma bandeira que pouco significava para nós crianças, ao som de um Hino com frases incompreensíveis de heróis desconhecidos. Esse era o Brasil das gerações órfãs da liberdade de escolha, mergulhado no medo endêmico de um "inimigo vermelho oculto", que diziam devorar os filhos dos filhos, dos filhos da "Pátria Amada". Nesse cenário ignorado, tínhamos no futebol a alegria das disputas acirradas, em campos improvisados em ruas de terra, nas competições com o jogo de bolinhas de gude, ou ainda, na correria para fazer subir as "pipas" contra o vento, colorindo o céu de nossas vivências. Esse pequeno mundo encantado, agora, seria transportado temporariamente para a casa de minha Avó Florisia, que morava no Rio de Janeiro. Essa era a oportunidade para rever primos, tias, e amigos queridos, que fizeram parte da construção de minhas identidades. Nos idos dos anos sessenta e início dos setenta, a viagem para o Rio de Janeiro poderia ser realizada por dois meios. Pelo "Trem de Prata", que saia todos os dias logo cedo da Estação da Luz, ou por meio de ônibus, que as três empresas rodoviárias principais ofereciam. Eram elas: a Cometa, a Expresso Brasileiro ou a Única (mais tarde vendida para a Itapemerim, que passou a fazer o trecho São Paulo - Rio). Não custa lembrar, que as viagens por avião eram praticamente impossíveis para as classes mais humildes e, por isso, nem foram cogitadas neste relato! Quando íamos de ônibus, pela via Dutra, antes de chegar à Rodoviária, descíamos em uma localidade chamada "Belvedere Viúva Graça", para pegar um ônibus urbano, cuja empresa se chamava "Ponte Coberta", com destino ao distante bairro de Campo Grande, então, estado da Guanabara. Aliás, uma curiosidade, sempre simpatizei com esse nome "Ponte Coberta", porém nunca soube o seu real significado! Quando íamos de trem, o barulho do atrito das rodas de ferro sobre os trilhos, presos aos dormentes de madeira, pareciam embalar animadamente esse universo, sugerindo uma canção natural, sem autoria, e que, por meio de uma onomatopeia, pareciam dizer "pracasadevovó...pracasadevovó...pracasade vovó... pracasadevovó... Quando chegávamos, éramos recebidos de maneira eufórica e amável por todos e todas. Abraços, sorrisos, conversas comuns, de pessoas comuns, em um lugar comum, de gente humilde e trabalhadora. A casa tinha duas janelas frontais, com os vidros pelo lado de fora, abrindo-se de par em par. Apresentava também uma porta na lateral esquerda, acompanhada de uma outra janela, após uma breve escada, entre outras particularidades. Certa vez, fiz um exercício de regressão temporal, em que revisitei essa casa e, posteriormente, detalhei o seu interior em um desenho artesanal e que ao final deste relato irei compartilhar. O imóvel se localizava, na Estrada das Capoeiras, no antigo 166, comprado, provavelmente, ainda nos finais do século XIX. Fora construído em um amplo terreno com mangueiras, goiabeiras, cana e outras árvores, que não me recordo, além das criações de galinha entre outras.   Ali eu passava os dias, em meio a aventuras cotidianas, com os brinquedos de estimação na terra preta do chão, sentindo o cheiro característico do lugar e das pessoas, que ainda percebo no olfato da memória. Essa Estrada cortava sítios e fazendas, sendo margeada por árvores centenárias. Em sua imensidão desconhecida, então para mim, era pontuada pelos poucos ônibus que circulavam; parecendo sumir ao longe como um risco escuro a se perder no horizonte. Esses foram dias de um tempo que se repetiu durante anos, e ficou marcado pela felicidade de uma existência! Agradeço à vida pela oportunidade de hoje compartilhar essas experiências com aqueles e aquelas que, assim como eu, amam o lugar onde nasceram e se constituíram como pessoas. Em homenagem a Campo Grande, ainda na Juventude, compus uma música com o nome do bairro, e que gostaria de compartilhar com vocês.

Espero em breve, reencontrá-los para mais histórias e lembranças.

Fachada da casa de minha avó [7]

Florisia Rosa da Silva - José Vicente da Silva

1887 – 1973   1884 - 1931

---

[7] Fachada da casa de Florisia Rosa da Silva, minha avó, localizada na Estrada das Capoeiras, Campo Grande – RJ. . Foto (Sem data) cedida por Maria José Moreira.

CRÔNICA AMARELA

Passei outro dia pela praça Alexandre de Gusmão para sentir e ver as flores que há muito deixei. Os prédios continuam lá, vigiando-a como guardiões do tempo. As ruas, também, com seus automóveis demarcam o mesmo caminho. Preso à retina da memória, esperava encontrar as flores amarelas, esquecidas entre um verso e outro. Percebi, então, a ausência da poesia, enquanto os olhos buscavam uma nova paisagem. Esta não tinha a mesma alegria, pois os abraços estavam adiados, diluindo-se aos poucos, deixando-se esfriar no asfalto escuro e úmido e envoltos em névoas seculares. Aos poucos, surgem lugares, diluídos em sons remotos e entrecortados de saudades. Os vultos de uma lembrança descem pela Alameda Jaú, em direção à Nove de Julho. Fico sentado a olhar os bancos vazios, ocupados aqui e acolá pelos donos da noite, que cemeçam a sair de seus esconderijos diurnos.

DEPOIS DA FARRA DE BACO

Baco, deus romano, ou Dionísio, na concepção grega, para a mesma divindade, é a metáfora (quase) ideal para ilustrar a tragédia tupiniquim que hora se finda no crepúsculo da política nacional. De acordo com alguns historiadores, "O culto a Baco Dionísio, o deus do vinho, ganhou importância para os romanos por volta do ano 200 a.c, sendo chamado de bacchanalia. Inicialmente era um rito totalmente feminino, comandado pelas bacantes (uma espécie de sacerdotisa) e ocorria apenas três vezes ao ano. Mas, com o passar dos anos, o ritual sofreu alterações, passando a ser noturno, incluindo os homens e ocorrendo com muito mais frequência. As celebrações ficaram famosas pelos excessos cometidos, principalmente os sexuais. Isso fez com que o culto ao deus do vinho fosse proibido em 186 a.C. Pessoas ligadas ao ritual foram perseguidas e mortas, e os templos dedicados a Baco foram

destruídos. Segundo alguns historiadores, essa foi a primeira perseguição religiosa da Europa". Tomando-se essa referência como parâmetros filosófico e histórico, para entendermos as "farras palacianas", é possível enxergar um já quase ex-presidente usurpador do erário, associado a tudo que há de pior e degradante em nossa sociedade, incluindo-se crimes de diversos matizes, movidos ao ódio e a pedofilia.

Juntamente com ele, segue sua orda de malfeitores, que "limparam", como puderam, as últimas moedas do butim, ao findar da "festa insana". Hora de jairembora no dito popular que ecoa pelos 4 cantos do país. Estamos ansiosos pela volta definitiva da esperança, que se consolidará a partir do dia 1o. de janeiro de 2023. Sigamos no caminho da reconstrução, sem medo de ser feliz.

DESCONCERTO QUASE ERÓTICO

Você olha para o outro lado, onde estão as roupas repousadas sobre as costas da cadeira cúmplice. É a mesma cena de séculos atrás! Há quanto tempo se observa no espelho e se dá conta de que as marcas se mostram, sensíveis, sobre a pele? Talvez, não antes deste poema, banhado em sentimentos e angústias. O relógio pontua as horas, de um dia vencido pelos caminhos da memória, fingindo que são as mesmas do ano que se passou. É inútil buscar nas entrelinhas dos dedos, trêmulos de emoção e sensibilidade, as vontades expostas, que se ausentam em suas próprias fendas, profundas e escuras. As paredes permanecem inertes e desoladas sob um sol imaginário, que calcina o coração abstraído em suas metafóricas vivências. Elas não sinalizam qualquer resposta, apenas atenuam a distância esquecida no calendário gregoriano, que, inutilmente, tenta em vão marcar as eras e as distâncias. A janela rege um desconcerto, apresentando uma gramática própria em que a sintaxe do quarto revela a baixa luminosidade, inibindo lençóis revirados sobre sussurros noturnos em silêncio quase-absoluto. Imagens, cúmplices de histórias particularizadas em suas entranhas, trazem a nu as fotografias curvilíneas, de corpos, que jazem inertes sobre a madeira rústica do prazer. Os cheiros entre os desejos ardentes deixaram transparecer lábios úmidos como papel molhado, revestidos de felicidade fugaz, em que a poesia repousa e parte como cigana alada das terras distantes. O sentimento agora é outro, transverso como o corte de uma espada, ferindo a alma e corroendo a solidão profana. Pensar é como amar nesse oceano intransponível de ansiedades, de partidas e chegadas em portos imaginários, que povoam nossa existência passageira.

E LA NAVE VA

Julho passou e já estamos para lá da metade do mês de agosto, desse novo /velho tempo, de um ano, que se convencionou no calendário gregoriano. Nesse horizonte digitalizado, sob a ditadura dos algoritmos, as pessoas se tornaram híbridas, pois suas almas foram diluídas nas telas de cristal líquido de seus smartphones, transformando o sentir-se humano em "tag" em algum site de busca. As suas vontades também foram capturadas por esse mundo desconhecido, até então. Nele, a fragmentação, das conversas inúteis e rasteiras das redes sociais, alimenta a Ignorância de um quase-povo, em um quase-país. Aos poucos, o ódio e a morte se tornam rotina em uma sociedade, que não se importa mais. As armas passaram a substituir os livros, as seitas preconizam o retrocesso para a Idade Média. Assim, em breve tempo, como nos regimes mais atrasados do planeta, por exemplo, presenciaremos, se nada for feito, o apedrejamento de mulheres em praças públicas por burlarem os (falsos) ditames sagrados do "Grande Irmão", ao decidirem sobre seus próprios corpos. Temo não terminar este texto, interrompido, quem sabe, por uma bala, disparada aos gritos de "Deus cima de todos", as portas de um inferno, não o de Dante, mas do "Mito", pintado de verde e amarelo. Diante do grotesco dessa tela, me atrevo a intertextualizar esse caos anunciado com a criatividade cinematográfica do grande Fellini, o Federico, das películas de arte do inesquecível cinema italiano, em que a arte imita a vida (ou seria o contrário?).

ESPELHOS DA IMAGINAÇÃO

Olhar, ver e não ver! A realidade nem sempre é aquela que imaginamos, podendo nos levar a uma espécie de silogismo, desaguando em falácias traiçoeiras, ou não. No entanto, nada disso nos passa percebido intencionalmente, quando, quiçá, estejamos diante de um espelho, que reflete nossa não-imagem. É o não-eu, traduzido em uma semelhança, amparada na contiguidade desértica, entre o significado e o significante. Fiz essa breve introdução, para contar algumas passagens de minha infância. Intuitivamente, quando criança, ficava à deriva em minhas inocentes reflexões, quando, confrontava dois espelhos, que se autorefletiam, criando, assim, um "infinitum" de reproduções, que se perdiam e se diluiam até desaparecerem. Diante desse reflexo, ficava eu, com minha mente criativa, imaginando o que cada imagem refletida poderia significar. Algumas vezes, parecia portas infinitas, e lá vinha a curiosidade sugerindo: o que teria, ou quem estaria, por detrás de cada uma daquelas portas? Outras vezes, parecia um trem gigantesco, com seus infindáveis vagões, a se perderem em perspectiva. No afã de obter respostas, pensava como poderia construir uma máquina, que ficaria instalada entre esses dois espelhos, onde eu me acomodaria. E, por meio de um processo de desmaterialização, teria a possibilidade de entrar naquele "túnel" do tempo, assim como era retratado no famoso seriado de TV, norte-americano, produzido no ano de 1966, chegando ao Brasil, por volta dos anos 1970. Talvez, venha daí minha predileção pelo gênero ficção científica, seja na literatura, com Assimov, em "Poeira de Estrelas", por exemplo, ou no cinema, com filmes do tipo " Cargo, o espaço é gelado"! Assim, eram os dias de uma infância regada à solidão de um apartamento, cuja companhia eram os próprios pensamentos, ou a TV em preto e branco, como a extinta Excelsior, que oferecia "enlatados" estrangeiros em forma de entretenimento. No entanto, hoje, no caminhar para a terceira idade, percebo que vivia naquelas "viagens" imaginárias uma preparação para a própria vida. Sem saber, exercícia pura filosofia, filtrada pela inocência do olhar e da imaginação de criança.

HOJE PODERIA TER AMANHECIDO OUTRO DIA[8]

As marcas que se eternizam na memória coletiva, deixam as cicatrizes expostas nas entrelinhas do calçamento irregular das avenidas dessa grande cidade. Hoje, seria um dia como outro qualquer, se não fosse. Muitos transeuntes passam desatentos defronte ao prédio antigo, e não conseguem ouvir os gritos de horror, que exalam das paredes cinzas, os xingamentos, a tortura no pau de arara, o choque, que destroça as entranhas humanas, alimentando-se do sangue, que escoa por entre as grades, das celas imundas, que guardam esses segredos quase oficiais.

---

[8] Reflexões sobre o 31 de março, que, foi na verdade, o 1. de abril de 1964

Nasci nesse tempo profano de quase 1964, em que as escolas eram vigiadas pelos caguetas do sistema, e as conversas de corredores denunciavam, sem efetividade, o desaparecimento desse ou daquele professor. Nessa lição nada didática, éramos obrigados a cantar, em formação militaresca, um hino que pouco ou nada significava em nossas vidas. Cresci entre a ingenuidade de quem não percebe as coisas; paradoxalmente, no entanto, podia intuir a perversidade institucional, por meio vivencial dos cochichos a boca pequena, das proibições, do medo estampado nos olhares submissos de quase todos. Colegas dos tempos de infância, que reencontro, vez ou outra, em redes digitalmente sociais, parecem ignorar aquele cenário de dor, de fendendo o status quo do "Brasil Gigante", cantarolando o bordãoassassino, "esse é um país que vai pra frente". Aconselham-me a esquecer, a "não olhar pelo retrovisor da história"; dizendo-me que tudo isso é bobagem, pois não fui protagonista de luta armada, ou filiado a partido proscrito pelas mãos da Ditadura! Outros duvidam que tudo aquilo existiu, ou comemoram a vitória do bem contra o mal, convertendo-se a uma crença em que um Salvador irá redimi-los de sua ignorância, ao lerem as páginas amarrotadas das suas bíblias incompletas. Hoje, poderia ter amanhecido um outro dia; menos triste, menos nublado! Queria ser como alguns que se embriagam no futebol de caráter duvidoso, compartilhando uma cerveja quase quente como a alma que purga nos infernos da insensatez, mas não consigo. A verdade sempre transpassa os nossos olhos e sentimentos como uma lança, enfiada a sangue frio em nossa alma. Se boa parte não sabe, ou não quer saber, aqueles que viveram direta ou indiretamente os abusos do Estado-Assassino, escutam esses gritos "calados atrás das grades", seja em Punta Rieles, no Uruguai, onde Flávia Schilling ficou aprisionada, ou por aqui, na (re) conhecida "casa da vovó", em pleno bairro nobre da cidade de São Paulo, onde se matou e torturou Herzog e tantos outros! Eu queria falar, neste breve texto, a respeito da "memória da tortura", mas me prendo no calabouço daqueles que tiveram sua memória sob tortura e não esquecem as cenas de horror que viveram, e os fazem prisioneiros em seus pesadelos diários. O que mais me preocupa, neste presente, diante de uma sociedade acéfala, é a indiferença diante dos latidos de um Presidente, eleito nas urnas, que defende a tortura, o torturador, a perda da liberdade em cenários imundos, o espancamento e a sevícia alimentada pelo sadismo de "heroicos brados retumbantes" agentes do Estado-Prisão. Hoje, poderia ter amanhecido outro dia, e o Brasil seria outro. O sorriso seria outro e os sonhos de um mundo melhor não teriam se esfacelado. Hoje, poderia ter amanhecido outro dia.

MEMÓRIAS GUARDADAS

Existem palavras, que nos encantam apenas pelo fato delas existirem em nossa rica língua. Vocês, caros leitores, também têm as suas palavras preferidas, ou que lhes caem bem aos ouvidos? Independentemente de sua contextualização geográfica, esses vocábulos, quase mágicos, trazem em seu bojo algum tipo de mistério, que se desdobra em lembranças, ou memórias, nem sempre claras. Dentre as tantas, que me encantam, "Alfarrábios" é uma dessas! Segundo o vernáculo, sua classificação morfológica é de "substantivo masculino". O seu significado semântico é: 1. livro velho, ou há muito editado, e que tem valor por ser antigo e por extensão anotação antiga (mais us. no pl.). Como estudioso da Língua há mais de 30 anos, embora no campo da Linguística Aplicada, e não da Gramática, teimo em afirmar que o seu significado vai muito além dessa simples definição, embora esteja relacionada a ela, disso não se tem dúvidas. Além de ser título de uma das obras, da Literatura Brasileira, do romântico José de Alencar, que evocava contos dos tempos coloniais, por volta de 1870, "Alfarrábios" chegou aos nossos dias como definidora de locais onde se vendem livros usados ou antigos, mais conhecidos, atualmente, pelo nome nada simpático, na minha modesta opinião, de "sebo". A ideia de "Alfarrábios" evoca uma espécie de sentimento, em que o seu passado nos aproxima dos segredos da cultura árabe, deixada como herança pela ocupação desses povos mouros, na formação dos países iberamericanos, ao longo de sua história. Somando-se a esse sentir, ao se entrar em um alfarrábio, ou sebo, como quiserem definir, tem-se a sensação de uma volta ao passado, onde as vozes aprisionadas de autores ancestrais eclodem, de forma surda, dos livros enfileirados em estantes velhas, de madeira nem sempre nobre. O cheiro de outras eras se traduz no ar, sugerindo, que o tempo, ali, parou para os leitores viajarem nas folhas amarelas e empoeiradas daqueles tesouros desconhecidos. Essa experiência é tão enriquecedora que, não raramente, encontramos outros tesouros "perdidos" ou esquecidos no interior dos livros. Essas outras relíquias descobertas podem ser anotações nas margens, trechos grifados, marcadores de páginas, esquecidos por uma leitura interrompida, dentre tantas outras possibilidades imaginativas, que revelam por quantas mãos, por quantos locais, ou ainda por quantos olhos aquela obra passou! Dessa variedade literariamente arqueológica, uma das que mais me encanta são as dedicatórias. Verdadeiro testemunho das relações humanas, que evocam sentimentos nobres dos mais variados matizes. Nas minhas incursões, por esse labirinto mágico de páginas antigas, também garimpei os meus próprios tesouros. Por exemplo, a publicação de "A ressurreição ", que ilustra esse post, de Manuel Ribeiro, do início do século XX, encontrei aleatoriamente em um sebo despretensioso, no Centro de São Paulo, de nome sugestivo, "Lisboa",. A obra, como se pode constatar na imagem, apresenta uma dedicatória, datada do ano de 1931, feita provavelmente na cidade de Serra, em

Portugal. Fico aqui me perguntando, ao compartilhar esses sentimentos existenciais, nem sempre explicáveis, se parte de minha ancestralidade estaria escondida por entre os grãos de areia de algum deserto, onde o sol se eterniza, sendo evocada e provocada, agora, por essa palavra mágica: "Alfarrábios"!

O ENIGMA DA CHEGADA

"O enigma da chegada", de Chirico, sempre foi uma obra que me fascinou! Quando trabalhei no MAC USP, Museu de Arte Contemporânea, da Universidade de São Paulo, tive o privilégio de conviver diariamente com essa e muitas outras obras da pintura de grandes Mestres! No entanto, O enigma" era especial, pois, quando passava em frente ao local onde estava, eu fazia uma espécie de reverência, procurando sentir a mensagem. Quem seriam aquelas personagens? Onde estariam os seus sonhos, naquela paisagem distante? As cores, as formas, a vela enigmática, visível em parte, uma figura, esboçada sugeriam respostas possíveis. E ali, diante daquela nulidade quase absoluta, eu me via partindo para lugares imaginários.

O HOMEM DA PASTA PRETA

Hoje, compartilho uma crônica urbana cujo o título "O homem da pasta preta" retrata fragmentos de um dia comum, de pessoas comuns, inclusive o autor deste texto, lutando pela sobrevivência em suas rotinas cotidianas, submersos em uma correria alucinante para chegarem sabe-se lá¡ onde! Claro que a narrativa não é um retrato fiel da realidade, pois, se assim o fosse, deixaria de ser arte, e passaria a se constituir como relato histórico. O fato é que, nesse ponto específico, concordo com Ana Cristina César, poeta, e escritora, de grande talento, que tão cedo nos deixou, quando escreveu um de seus inúmeros ensaios, intitulado: "Literatura não é documento". No entanto, é preciso interpretar essa realidade como inspiração para o mote, acompanhado de sua glosa.

Espero que apreciem. O homem estava ao meu lado. Vestia uma camisa cinza, calças verdes, porém os seus sapatos não

davam pra ver. Segurava em uma de suas mãos uma pasta preta, que pensei esconder algo. Conversava com outro homem sobre um tal Juraci. Em alguns fragmentos, que consegui ouvir, diziam: - O sujeito andou aprontando umas... Ah esse Juraci! - Você soube? Ficou devendo pra Deus e o mundo! - Não fiquei sabendo, respondeu o interlocutor. A conversa prosseguia animada.

Agora, não falavam mais do suposto caloteiro, Juraci, conversavam sobre outras coisas, que deixei de prestar atenção. Olho novamente para o homem e me detenho em sua pasta preta. O que teria em seu interior? Um documento importante? Vários papeis sem importância alguma? Quem sabe, um segredo de Estado? Ou talvez, simplesmente, uma marmita, aguardando a hora pra ser devorada?! Presto atenção na próxima plataforma. Visualizo pastas pretas pra todos os lados, indo e vindo em todas as direções, apressadas e anônimas. Alguns passageiros entram, carregando suas histórias desconhecidas. Outros saem, levando suas histórias também desconhecidas. De repente, ouço algo familiar: Mário Quintana... Porta Giratória... Me apresso pra não perder o fio da meada. Me vejo recompensado por aquele momento em que me sinto como um pescador, que pescou um peixe graúdo! Nesse interregno, quase perco o meu ponto de descida, ou melhor, a estação onde deveria desembarcar. Eu desço. Permaneço entre o hiato e os dígrafos inexistentes. O trem parte sobre os trilhos paralelos, carregando os fragmentos de um diálogo interrompido a respeito de um de meus autores prediletos.

O PROFESSOR QUE SABIA DEMAIS[9]

Recentemente, reencontrei colegas dos tempos idos do então primeiro grau nas redes sociais. Nesse mundo virtual, essa é uma das grandes conquistas, que nos são oferecidas. O mais estranho desse reencontro é que não consegui me sintonizar com aquelas pessoas, pois pareciam de outra geração que não a minha, ou talvez, eu não parecia pertencer a geração deles. Alguns defendiam o Regime Militar da época, outros atacavam e esquerda, como se fosse o grande mal do século. A história, que narro neste post, embora ficcional, em parte, retrata o pensamento de um momento trágico de nossa história recente. Embora tenha reencontrado alguns

---

[9] Ernesto Emboaba, nosso professor de língua portuguesa na antiga 7a série do tammbém antigo primeiro grau.

colegas da época, infelizmente, só pude confirmar o desencontro, que me fez virar mais essa página e seguir adiante. Os fatos aqui relatados não são mera coincidência com a realidade. Quando ocorreu o golpe militar em 1964, aqui no Brasil, algumas reformas educacionais foram realizadas para adequar o ensino aos moldes de então. O acordo MEC/USAID veio como fórmula promissora de modernizar e pasteurizar o nosso velho e tradicional método de ensino. Junto com ele, a lei 4024 de Diretrizes e Bases da Educação, e consequentemente a catástrofe. Na escola pública onde eu estudei, não era diferente. A Diretora Guidorizzo, para nós uma jararaca de cara empastelada de pintura, andava pelos corredores vigiando; mandando em tudo, punindo quem caísse em suas garras, ou ousasse desafiá-la. No entanto, nem tudo era complacência ou subserviência. Foi em uma aula de português, que comecei a perceber isso. O professor Ernesto Emboaba disse em classe, em tom de confidência: - Gente, vocês precisam saber que, aqui no Brasil, ainda falamos o português. O inglês é para inglês ver! Quero dizer, falar, pois nem tudo que é para os Estados Unidos é bom para o Brasil. Nisso, a Diretora, que passava por ali, vermelha de ódio, gritou para o professor: - Senhor Ernesto! Onde já se viu dizer tamanha bobagem. - O senhor não sabe que agora o ensino poderá ser concluído com muito menos dificuldade? Os alunos nem terão que prestar o exame de admissão. Um silêncio constrangedor pairou momentaneamente no ar, que só foi quebrado, quando o Ernesto respondeu: - Cara Diretora, por acaso, sabemos o que será de nossas crianças amanhã? O que garante que essa estupidez toda dará resultado?! - Ora, professor. Eu não admito comunista em minha escola. O senhor é o famoso "verde-melancia". Acho melhor tomar muito cuidado! Dizendo isso, saiu da sala, fula de raiva, batendo a porta. No dia seguinte, estávamos todos ansiosos, esperando a aula do Ernesto. A classe estava inquieta, ficando aquele clima de expectativa. Foi quando apareceu um homem sisudo, careca, com fartos bigodes e cara de mau.

Sentou-se à mesa do Ernesto e disse sem emoção: - Boa noite! A partir de hoje, sou o novo professor de português de vocês. Infelizmente, o outro professor adoeceu e não poderá dar mais aulas. Ninguém entendeu nada. Só sei dizer, que nunca mais tivemos notícias do professor Ernesto Emboaba, que sabia demais, que ficou doente de repente.

PALAVRAS SOBRE O CONCRETO

Um homem caminha pela calçada de pedras irregulares. Chove. Seus passos seculares atravessam lagos e oceanos imaginários. Diante dos olhos, perpetua um sorriso distante e a vontade esboçada em continuar. Com um gesto, remonta a vida, reintegra-se à paisagem. Na sua torpe existência, balbucia palavras, tornando-as vivas. No limiar de seu horizonte, o desejo, a vontade para chegar ao outro lado do deserto urbano. Um homem só, misturado aos outdoors, shoppings, news, cars, crisam, blue, tempo, vivasvaias, hamburguers ... O estômago pesa-lhe no ventre ferido e a dor de ser. As cores dos automóveis reavivam-se *ad infinitum*. Lenta mortalidade de nossos dias, o homem que snada. Transeuntes insvisíveis pisam o seu corpo fragmentado. Arranhaceus, com suas unhas pontiagudas, arranham o cume do mundo. Este mundo, que estamos destruindo aos poucos. A chuva molha-se, reconhecendo-se em si mesma. Na tarde apagada um sol ausente. O quadro imóvel da (t)urbanização. Passos indiferentes, caminha. A fina chuva molha de luto o seu sobretudo. As palavras jazem estranguladas, nas esquinas da cidade silenciosa.

PASSADO

Vejo uma fotografia de um passado recente. Sei que você não está lá. Sinto que não estamos presentes, pois o absurdo absorve o momento. Um rio corre veloz, afogando violento o amor, que procuro esconder atrás dos meu óculos transparentes, um desespero, que, aos poucos, vai me dominando o presente. Me faltam palavras para ser mais preciso, a precisão lexical se esvai, onde a morte é vista de um ponto qualquer de referência. Não irei chorar, isso é certo, nem implorar o seu olhar comovido de sedução. Sinto a presença de sua ausência, que afaga minhas lembranças diante desse jardim florido. Uma rua imaginária se perde em um dia calmo, quando o sol estampa nosso varal de roupas brancas, balançando-se ao sopro de um vento sorrateiro. Somos sobreviventes de um tempo, que ainda está por chegar, perdidos na quase juventude de um sorriso abstrato e olhar infinito. Caminhamos lado a lado, assim, de mãos separadamente unidas em nossos medos diários. Há um mistério nesse frenesi do coração que palpita, descompassado, apertando o peito, sôfrego, entre seus seios de mármore. É a partida adiada, que se perde na plataforma vazia, ferida por trilhos paralelos, desgastados e mortos. É vaga essa impressão de delírios descabidos e ilógicos, desafiando a linha cartesiana da razão absurda! Folheio um livro antigo, sem interpretar seu conteúdo, distanciando-me, assim, do epílogo romanesco.

Você surgiu no terceiro capítulo, sob uma

inocência pervertida, em que virar a página é como transbordar a alma pelo avesso. Seria demais sonhador pensar nessas coisas ou não? Talvez, eu seja um mau leitor, que não consegue chegar à "morte" o autor, para construir os seus próprios sentidos, pois até essa paráfrase, inspirada nas ideias de Barthes, se me parece pobre e mal construída. É no silêncio dessa intimidade, que a chuva de outono invade o papel, molhando de luto as entrelinhas, escritas de ideias não ditas. Não sei expressar a mim mesmo como partilhar esses pensamentos, pois o deserto se traduz na aridez de todas as histórias (im) possíveis. Nossas mortes cotidianas a todo instante acenam das esquinas desconhecidas, ferindo os sentimentos sem perguntar o porquê.

PREFÁCIO DE UMA CRÔNICA URBANA

Certa vez, ganhei um livro de presenta de uma amiga, que tinha um título, traduzido para o português, no mínimo instigante "O guardião de memórias", de autoria de Kin Eduards. Às vezes, quando me vejo resgatando textos de eras mais distantes, ou de outras nem tanto, penso nesse título. Os registros feitos e deixados em pastas esquecidas, quando resgatados, parecem essas memórias, guardadas ao longo dos séculos de nossa existência. Hoje, apresento uma crónica existencial, inspirada nas minhas leituras do autor português Vergílio Ferreira, autor de Aparição, entre tantas outras obras magistrais. Espero que apreciem.

Lentamente, a pedra caia. Cortava o espaço na sua singularidade de objeto qualquer.

Como um pássaro ferido, desprendia-se da sua certeza de para continuar a sê-lo. Não se sabia quem a havia atirado ao espaço inóspito e desconhecido. Ao tocar as águas inertes do lago, produziu um som oco e gutural para depois se precipitar para o fundo. Na superfície tocada, via-se os movimentos incessantes e contínuos, circulares. Uma após outra, as pequenas ondas surgiam do seu próprio corpo maior. A pedra já não importava mais. Apenas a sua memória, refletida no movimento singular das águas, denotava sua passagem. Naquele instante, caia já a tarde. Ao serenar da noite, as planícies líquidas e tranquilas descansavam no remanso.

Despiam-se de suas vivências e tudo voltava a calma. O silêncio se vestiu de luto novamente o ar, mas um instante suspenso ainda pairava na expectativa do próximo dia. A inexatidão daquele momento não expressava o todo. A realidade se esvai, abstrata, turvando-se diante do improvável e, de súbito, nos leva para dentro do próprio existir. O homem enfrenta as intempéries do seu deserto. Apalpa sentimentos dentro do seu peito dilacerado, uma sombra aziaga permeia a paisagem (des) conhecida. Chove uma garoa de ontem. Fina, constante, insistindo em molhar as inúmeras esquinas, da cidade cinza. Silêncio. Inexatidão de corpos. Murmúrios gotejam os desejos pretéritos, imperfeitos. Um homem caminha pela calçada de pedras irregulares. Seu passo secular atravessa lagos, oceanos e a chuva, agora, molha de luto o seu sobretudo. Diante de seus olhos perpetua-se um sorriso congelado no tempo e a vontade de continuar. Nítido, nulo, um gesto remonta a vida, reintegrando-se à paisagem. Na sua torpe existência, balbucia palavras, dando-lhes vida. No limiar de seu horizonte, o desejo, a vontade em chegar ao outro lado do deserto urbano. Um homem só, misturado aos outdoors, shoppings, news, cars, crisan, blue, tempo, vivasvaias. O estômago pesa-lhe no ventre ferido. A dor de ser (parto)? As cores dos automóveis se reavivam diante do seu olhar ad infinitum. Lenta metamorfose de nossos dias, este homem, que só, é nada. Transeuntes indiferentes pisam o seu corpo fragmentado. Arranha-céus, com suas unhas pontiagudas,

PROCURA-SE UM RETRATO

A rua encolhe-se diante da vitrine. Leio um jornal sem título do ano passado, uma poesia sem rima esvai-se dos meus sentimentos. Nas esquinas nuas, vejo mulheres sem alianças nos dedos. Um olhar sem rosto denuncia o desespero das tardes emolduradas de tédio e paixão. O dia anuncia suma morte lenta. Os edifícios (testemunhas oculares) confirmam a minha suspeita, pois a noite vence a batalha final. O neon deixa as prostitutas destiladas com suas rugas seculares. O mais estranho é o silêncio que não cabe nesse roteiro. É como estar sobre uma duna, esquecida em algum deserto do planeta. A ausência de som é algo descabido neste filme inacabado, fazendo parte do cenário quase pronto, mas imperfeito. Penso em palavras. Projeto sentimentos, sem emoção. A Folha de São

Paulo denuncia: Os Deputados Estaduais vão ter uma ajuda de custo de RS 10.000,00. No entanto, o salário mínimo é menos do que o mínimo para a sobrevivência. Viro em uma esquina, uma próxima cena. Penso nos versos do poeta e aperto os braços diante do peito para que o frio não congele a minha sinceridade. Agora, a próxima cena ficou para trás. Entro no cinema e vejo o beijo branco na tela. A noite, vencedora das guerras infindáveis, extravasa a sua aflição diária e eu já não me importo diante do mundo. Caminho a procura do meu autorretrato nos arredores da cidade.

A ampulheta imaginária conta os grãos, que descem desesperados pelo espaço vítreo. A areia cobre-se de uma eternidade finita. A noite não dura para sempre.

SEU PEDRO, O BARBEIRO

Quero iniciar essa narrativa fazendo uma pergunta: - Vocês sabiam que no estado de São Paulo há uma cidade com nome de Óleo? Eu também não sabia, que existia tal lugar. Localizado próximo à região de Ourinhos, a aproximadamente 300 quilômetros da Capital Paulista. Soube da existência de tal cidade, quando comecei a frequentar a barbearia do "Seu Pedro", como era conhecido na região do Km 18, da cidade de Osasco, na Grande São Paulo. Ele era nascido nessa localidade. E eu me perguntava: quem nasce em Óleo é o quê? Olense, oleado .... Decidi recorrer ao Google e descobri o seguinte: "Óleo é uma cidade de Estado do São Paulo. Os habitantes se chamam oleenses.

Site oficial do município" Sempre que a cabeleira excedia, lá ia eu, as vezes de longe, ao salão de senhor, muito simpático de olhar amigo e prestativo. Aparentava uns 70 anos, cabelos lisos e grisalhos, estatura mediana, sempre com um sorriso estampado no rosto. Quando não tinha clientes, abria os eu jornal (ainda havia jornais impressos nessa época), sentado no lugar onde, em algum momento, adiante, seria ocupado por mais um de seus inúmeros e fieis clientes. Quando chegava a minha vez, sentava-me, na antiga cadeira, aquelas ainda a moda antiga, conversávamos sobre política e, principalmente, a respeito de música. Claro, música raiz, das melhores caipiras, que marcaram época e deixaram saudades.

Não raro, seu Pedro contava as histórias de quando tinha iniciado na profissão de barbeiro; porém, o assunto que mais animava era aquele relacionado com a sua dupla caipira, que se apresentava em programas de auditório, em algum lugar do passado. Certa vez, me disse em tom de confidência, algumas particularidades no programa da Inezita Barroso, aquela famosa artista e folclorista, que comandou, durante anos, o Programa Vila minha viola, da TV Cultura, pertencente ao Governo do Estado de São Paulo. As conversas sempre seguiam animadas e quando me dava conta já havia terminado o serviço. Às veze, para encompridar o papo, pedia a ele para fazer também a barba, com gilete e espuma no rosto e toalha quente! E tenho de confessar, o homem era bom na tesoura! Disse certa vez, que chegou a gravar um disco e que me mostraria quando possível. Também fiz algumas gravações e deixei como presente em um CD para ele ouvir quando possível. Afinal, embora eu tenha nascido na terra do samba e das praias, guardo uma memória afetiva com as coisas da terra e dos ponteados de viola paulista e que compartilharei neste espaço com o título de "Ponteado Partilhado" (espero que apreciem). Da última vez, que fui à cidade de Osasco, notei que o simpático e simples salão do seu Pedro havia desaparecido. Em seu lugar, havia outro comércio, desconhecido para mim. Uma ponta de tristeza se abateu sobre mim, pois havia alguma coisa estranha! Recorri a um vizinho do seu Pedro para perguntar e então veio o esclarecimento. Ele havia falecido com a COVID-19 alguns meses antes. Assim como eu, acredito que milhares de pessoas, em nosso país, também perderam seus amigos, seus parentes, seus amores... e o pior, acredito que também muitos, assim como eu, se sentiram desamparados e ofendidos com as piadas mórbidas do Presidente do Brasil, com seus olhos frios e sombrios, cheirando a morte, como bem definiu o ativista britânico Stephen Fry, no documentário "Out There", quando ainda o Presidente era parlamentar. Do meu amigo, ficaram as boas lembranças, as conversas guardadas na memória e que irão se eternizar, enquanto eu ainda estiver por aqui.

Um abraço,

Meu amigo Pedro.

SOMOS UM PAÍS DE MORTOS

Hoje, segunda-feira, 11 de julho, ainda no ano de 2022, amanhecemos menos vivos, que ontem. Aos poucos, o fascismo brasileiro vai devorando nossa sanidade, diluindo, em meio ao ódio e a perplexidade, a indiferença coletiva com quase um milhão de mortos na contabilidade oficial de um Ministério da Saúde, atolado em denúncias de corrupção, somados aos assassinatos diários. Diante desse quadro grotesco, Nero vai incendiando o que resta de dignidade e de esperança. Os livros perdem espaço para as armas, o conhecimento plural se desmonta diante do fanatismo fundamentalista, habitado por demônios seculares! Hoje, amanhecemos mais mortos que ontem e a "Patria Amada" parece sussurrar, em meio a alguns laivos de democracia, pedido de socorro diante da insolvência célere. Nosso jardim foi pisoteado e as flores arrancadas pelas bocas malditas, em busca de carne fresca e sangue jovem. Deus, que habitava o mundo da nossa ancestralidade, demonstra sua reprovação e seu desagrado com os canibais fardados. Hoje, amanhecemos menos vivos, mais mortos, menos civilizados, mais bárbaros, mais famintos, menos saciados, mais monstruosos e menos humanos!

VOLTAREMOS A SORRIR

A cidade adormeceu calada. Nas esquinas das periferias, a comemoração que não veio, e um vazio na garganta deixou a dor transpassar o coração. O choro chorado, que antevia a tempestade no país do faz de contas, se fez naquele outubro de 2018, quando a extrema-direita foi eleita para governar. E a tragédia veio. Foram (e ainda são) tempos difíceis, que deverão passar para a história como os piores no processo de construção de nossa (frágil) democracia. Mas, diferentemente, daquilo que é comum por aqui, não deveremos esquecer. Afinal, tudo é lição! As marcas na sociedade são profundas, deixando um rastro de destruição. Entre os escombros encontram-se milhares de mortos (só na pandemia foram 700.000 em números redondos), a perda de direitos, os sistemas educacional e de saúde desmontados, o estímulo a compra de armas, o incentivo a violência, como política de Estado, entre outras aberrações, submersas em um mar de lama e corrupção. Diariamente, à frente de mentes sequestradas, os impostores mentem, usurpando a fé, usando-a como monopólio para se justificarem como "povo eleito" por um "Deus" que é deles, não nosso. Difícil esquecer um ainda Presidente, diante do quadro caótico, que se abateu sobre a população, imitando gente sentindo falta de ar, xingando e agredindo aqueles ousaram questiona-lo. Hoje, a cidade adormecerá cantando. Nas esquinas das periferias, a comemoração, que ainda não veio, certamente virá. E o nosso coração batera no compasso da esperança da reconstrução. O choro chorado, será de alegria, neste outubro de 2022. Amanhã, será o hoje de todos e todas e o nosso país voltará a sorrir.

Boa votação!

CONTOS

A ARTE DE FAZER BOLINHAS DE SABÃO

Compartilho com os amig@s leitores e leitoras, uma crônica infantil, que escrevi ainda nos anos de 1990. Nela, procuro compartilhar uma experiência imaginária, que, no fundo, tem a ver com a minha própria experiência como leitor precoce. Ainda muito pequeno, ganhei do meu Pai um livro com uma historinha chamada "O Patinho de ouro", acompanhada de uma narrativa em um "compacto" (disco de vinil de curta duração). Na história, havia um bom velhinho, um menino inocente e um patinho, que botava ovos de ouro. Aproveito para compartilhar a capa desse livrinho (original), que guardo com imenso carinho. Essa foi a minha iniciação como leitor. Esse personagem, João, dono do pato, foi associado ao personagem do conto de João Antonio. O restante da história é pura imaginação!

Espero que apreciem.

Vamos à história

Conheci, nos meus tempos do antigo ginásio, um especialista na afinação da arte de chutar tampinhas de garrafas. Na verdade, foi um conto, baseado na obra de João Antonio, apresentado a nós pelo então professor de português, Ernesto Emboaba, que se autoproclamava o mesmo "Arnesto"; aquele cantado por Adoniram, o Barbosa. Mas isso é conversa pra um outro momento. Além de um um exímio craque na arte de afinar tampinhas, que poderia soar para muitos como um "estranho esporte", o sujeito era implacável consumidor dos mais diversos tipos de refrigerantes. Isso foi o mote para, em nossa imaginação, dar continuidade a história, que é nossa, não dele, o João Antonio Continuemos, então, me reportando ao dia de hoje. Um dia comum, como tantos outros. O sol fustigava o asfalto, pintantdo de branco as esquinas. E em uma delas, se encontrava uma figura pitoresca. Jeitão napolitano, óculos de lentes grossas, tinha um aspecto simpático. Não era gordo, nem magro, apenas era. Então, caríssimos, vocês poderão imaginá-lo como quiserem, deixando-o assim mais original e a vontade no enredo. Como disse há pouco, o sol estava forte. As pessoas andavam apressadas, os carros, o dia... e aquele velho, ali, diante dos meus olhos desafiando a lei da idade (e por que não dizer da gravidade?), fazendo e refazendo bolinhas de sabão, recheadas dc arco-iris. Saíam aos borbotões, carregadas pelo vento, misturando-se aos transeuntes, aos jardins da praça, em profusão. Diante dele, alguns olhinhos curiosos brilhavam como pequenas estrelas, fascinados com o espetáculo. Um aglomerado de crianças ia se formando para ver o mágico fazedor de bolinhas de sabão. Eu de longe acompanhava aquela cena inusitada. Pra ser sincero com vocês, há tempos não via alguém fazendo tais bolinhas, ainda mais em tamanha quantidade! - Quanto anos o Senhor tem? Gritou uma vozinha excitada no meio do burburinho.

- Ah, isso é segredo, respondeu o senhor fazedor de bolinhas. - Mas pra não deixar o senhorzinho decepcionado, posso dizer que talvez uns duzentos. - Duzentos? Espanto geral. Outra pergunta de uma vozinha rouca emendou: - Como um velhinho pode ficar o dia todo fazendo bolinhas? _ Chiuuuuu! Isso é outro segredo. Disse o velhinho com ar maroto, levando o dedo indicador aos lábios e continuou: - Venho de um lugar muito, muito distante! Lá todo mundo, quando era criança, fazia bolinhas de sabão e um montão de outras coisas gostosas. Porém as crianças foram envelhecendo e não se preocupavam mais em fazer nada, muito menos brincar. Sabem por quê? - Nãooooo. Responderam em coro dezenas de vozinhas alvoroçadas. - As máquinas faziam tudo por elas. Ficavam o dia inteiro sem fazer nada, não saiam mais de casa, se esqueceram de como se faziam bolinhas de sabão, ou ainda de como subir em árvores, gostar dos animais... De repente, sua fala foi interrompida por uma pergunta veloz. - E quando o senhor vai voltar pra lá? - Não sei, ainda. A porta agora está fechada. Só poderei voltar, quando uma criança achar a chave para mim. - E como podemos ajudar o Senhor? Falaram juntos vários olhinhos aflitos. - Isso é fácil, meus amiguinhos. Todas as vezes que vocês virem uma dessas bolinhas por ai, pensem no que acabei de contar. Reparem bem, porque nela poderá ter um arco-iris desenhado, e lá talvez tenha uma chave escondida.

Dizendo isso, o simpático velhinho soltou uma grande baforada de bolinhas e desapareceu. Em seu lugar restou apenas uma sombra colorida, que foi sumindo aos poucos.

AS HISTÓRIAS DO TIO BIZOGA

Antes de apresentar "As histórias do Tio Bizoga", gostaria de falar um pouco sobre essa breve narrativa, para contextualizar os nossos queridos e queridas leitor@s. Trazemos em nossas vidas, a memória da infância, quando ainda olhávamos o mundo com a lente da inocência. As descobertas, as molecagens, a criatividade de um tempo, que fez parte da construção de nossas identidades sociais. Esse mundo tecnológico, onde vivemos hoje, nos oferece a oportunidade de, mesmo à distância, poder reencontrar velhos amigos, e relembrar, por vezes, passagens de momentos importantes. Outros, infelizmente, já partiram deste plano e, talvez, possamos nos reencontrar em algum outro momento, se vocês acreditam nessa possibilidade! Ao contrário do que pensam alguns contemporâneos meus, que ficaram presos ao passado, procurando justificar que aquele tempo era melhor, prefiro resgatar aqueles bons momentos para saboreá-los nos dias de hoje, pois assim será possível mensurar o quanto aprendemos nesse "estradar". É por isso que sempre digo que o meu tempo é hoje; uma espécie de máxima que levo para a vida. Também é importante ressaltar que recontar essas lembranças, não é construir uma narrativa fiel e literal aos episódios vivenciados, inclusive naquilo que tange à linguagem, particularmente do personagem principal. Aqui, podemos dizer que a criação é livre, embora os personagens correspondam à realidade. Apresento ainda dois desenhos. No primeiro, procurei nas imagens guardadas uma cena que representa parte daquela vivência, quando sentávamos à volta de uma fogueira improvisada. No segundo, procurei rememorar a fisionomia do "Tio Bizoga", e desenhei uma imagem com as suas principais características físicas, ou seja, rosto redondo, bigode farto e cabelo curto. Deixo também indicada a letra da música de Elomar Figueira Melo "Arrumação", que, em um de seus trechos (destacado com grifos) faz referência à "onça prisunha", do folclore da rica cultura nordestina.

Vamos à história

A luz fraca da rua refletia o chão descalço. A casa do Severino, nosso amigo "Ciba", era simples com uma janela na frente e uma porta alta, na lateral. Ali, passávamos várias horas eu, Dona Nina, seu Nelson, o Paulinho, A Gilmara, o Carlinhos (irmãos mais novos do

Ciba) e o próprio Tio Bizoga. Era uma habitação dessas em que há várias casas no mesmo terreno e as famílias compartilham o espaço, como a da Fátima, filha da Inês e do Álvaro (corintiano roxo), nossos vizinhos. Formávamos, ali, naquele distante bairro da Zona Leste, uma pequena comunidade. As histórias de assombração excitavam os nossos olhos curiosos, projetados para a imaginação de cada um. Na verdade, ao se referir a essas histórias, o pessoal nordestino chamava de "histórias do norte". Uma das mais comuns e que sempre arrepiava os pelos de todo o corpo era sobre a "onça prisunha". Segundo a lenda, essa onça possuía, acima das patas dianteiras, na parte detrás, um par de unhas, que a identificava como perigosa, mas, acima de tudo, como coisa do outro mundo, pois viraria "lobisomem" em noite de lua cheia.

Antes de entrar nas histórias, propriamente ditas, é importante relembrar a figura central dessa fase de minha infância. O Ciba, como nós o tratávamos, tinha um tio, que era conhecido como "Bizoga", muito querido por todos, mas não me perguntem qual o significado desse apelido, que eu não saberia responder. Nordestino de estatura mediana, bigodes fartos, rosto arredondado e um largo sorriso foram as lembranças, que mais me marcaram. Mas, deixando de lado os pormenores, o fato é que o Bizoga era um contador de "causos", como ele só! Quando começava a falar, a molecada já ia se achegando, e ficava toda em volta, atenta, imaginando sobre aquilo tudo que ia sendo descrito, entre pausas, olhares assustados e muito suspense. O cenário preferido para essas conversas, era a noite, depois que chegávamos da escola, uma escola pública nas redondezas de nome Deputado Silva Prado, onde a maioria dos amigos estudava. Nas noites de inverno, acendíamos uma fogueira, e ficávamos todos ali, viajando na imaginação no tempo em que a periferia de São Paulo ainda permitia essas coisas. Além do frio, que parece ser diferente dos dias de hoje, as ruas também não eram asfaltadas e havia muitos terrenos baldios e, consequentemente, muito mais árvores e vegetação em volta. O ponto em que acendíamos nossa fogueira ficava em um terreno baldio, na rua do "meio", ao lado da casa da Rosinha, filha da Rosa e do seu Ariston, que dirigia o seu fuscão azul de uma autoescola.

Voltando a nossa história, ou melhor, às histórias do Bizoga, certa noite durante uma de nossa conversas, em que o frio congelava até os ossos, estávamos em volta do fogo, quando ouvimos aquela voz conhecida, cumprimentando a todos. - Boa noite pessoal, falou Bizoga com seu sotaque nordestino e de riso aberto. - Boa noite, respondemos em tom de ansiedade. Mal tinha se sentado e a pergunta fatal: - E hoje, Tio Bizoga, o que vai contar pra gente? - Ah, Tio, conta aquela da onça "prisunha", pediu o Ciba com sorriso maroto. - Ocês que sabe. Mais depois num vem os pai de ocês dizendo que tô assustano a meninada com minhas histórias. - Ah Tio, o coro de vozes, suplicou: - Conta, ai, conta. - Tá bom, eu conto. Mais depois num quero sabe se alguém num drumiu direito, tá? - Certa vez, eu tava lá em Pesqueira do Alto, vinha caminhando de volta pra casa, depois de uma noitada boa e já era bem tarde. Talvez, daqui um tempo, ocês vão sabe o que se faz numa noitada. Mais como dizia, eu vinha com uns óio em Deus e o outro no Capeta. Achava que a qualquer momento ela ia sair detrás de um pé de aveloz. A lua clareava tudo em volta, que nem essas luz que a gente vê por aqui nas ruas de São Paulo. Num tinha viva alma naquela imensidão, Casa de alguém? Nem pensá. Mas o cabra quando é macho num tem medo, e vai até onde o cramunhão está escondido, mas sempre com a peixeira na cinta, afiada e pronta pra arrancar os bucho de algum valente.

Sei que naquela noite eu já tava meio "chumbado", mas ainda alembrava o caminho de casa. Vinha com a festa na cabeça. Quanta muié bunita! Quanta pinga da boa! A música correu solta até altas hora. Depois, no caminho de volta, em algum momento o mato fechava tudo e o jeito era dar a volta ou passar pelo meio. Num tive dúvida, meti a mão na cinta, tirei a bicha, que alumiou seu fio, na luz da lua e lá fui eu. Os grilo cantava aqui e ali, soluçando sua música alegre, mais de repente, ficaro tudo quieto. Parece que cum medo de alguma coisa, que eu não conseguia vê. Já tava achando que era coisa da minha mente, só que, quando menos esperava, de repente, por detras de umas moita vi uns oio brilhando. Pensei que podia ser uma brasa, como essas que ocês tão vendo agora. Deus me livre e guarde, me arrepio todo, só de lembrá. Os oio começaro a crescer e vinha na minha direção. Os cabelo arrepio, quis gritá, mas não deu. As pernas ficou bamba, e o coração parecia explodir. A essa altura da narrativa, ninguém piscava. O Tio

Bizoga era bom naquilo que fazia, e dificilmente seria superado nessa arte. O Ciba de boca aberta, olhos vidrados, estava imóvel. O Paulinho abraçava os próprios joelhos, eu, então, sentado, procurava no chão alguma coisa para não pensar como acabaria aquela história. O Carlinhos e Gilmara, já tinham batido em retirada, impelidos, talvez, pelo medo de enfrentar a distância entre o lugar onde estávamos e suas próprias casas. Continuou o Tio Bizoga: - Desembestei a corre pelo mato a dentro, que nem vi o que tava acontecendo. Cheguei em casa tropicando. Foi quando a Mãe disse:

- O que é isso, Bizoga, tá doido home? - Que tá acontecendo? Depois de engolir em seco, lá fui eu tentar explicar. - Sabe, Mãe, é o Capeta. Ela tava vino atrás de mim. Tava escondido no caminho da Vila. Mãe, com ar desconfiado, foi dizendo: - Que capeta, que nada, muleque. Isso é bestera da sua cabeça. Ocês sabe que a véia num acredita nessas coisa de assombração. - Passado o susto, fui beber um copo d'água e corri pra baixo das coberta, mas com os ovido todo atento. Num passo muito tempo e lá fora, no terrero, escuto um barulhão. A galinhada começou a reclamar. Mãe saiu da cama dizendo: - Que diabos tá acontecendo lá fora? Chico, nosso cachorro, avançou em alguma coisa, com muita raiva. - Mirando por uma fresta da janela, Mãe falou: - Num tô veno nada. Não se pode nem dormir, lá vem uma peste azucrinar a vida da gente. Chico deu um latido muito alto e ficou quieto, de repente. As galinha também ficaro quieta. Eu já estava pensando que podia ser a mula sem cabeça. Mas ai pensei: oxê, se a mula não tem cabeça, não tem zoio, também, certo? Tava ali com meus pensamento, quando Mãe falou que ia sair. -Num vai lá fora, Mãe. O coisa ruim tá lá! - Deixa de besteira, muleque. seja lá o que for, tá matando tudo os nosso bicho. Ela já estava abrindo a porta, com o lampião na mão, quando um estrondo na janela fez ela voltar. Vi isso com esses zoio que a terra há de comer os cabelo da Mãe se arrepiá inteiro. Ela oio pra mim, gritando: -Virge Maria, Cruz Credo, Virge Santíssima. Volta pra cama Bizoga, vamo drumi, e amanhã a gente vai ver o que aconteceu. Mas a coisa num ia embora. Ficava assuntando do lado de fora da casa. Passava na frete da porta, dava uma arranhada e fazia um baruião dos inferno. Eu num despregava os oio, por mais que tentasse drumi, não dava. Lá pelas tantas, eu e Mãe, pegamos no sono. A essa altura, todo mundo estava parado. Caras espantadas, encolhidos pra esquentar o frio, a molecada esperava o dinal da história. Tio Bizoga continuou: - Então, o dia amanheceu bunito, que só. Mal clareou, saimo da casa pra ver de perto o que tinha acontecido. Logo que abrimo a porta da frente, o Chico veio correndo, com o rabo abanando e a cara toda arranhada. As galinha, tudo solta, ciscano pelo terrero. Algumas estavam mortas, espalhadas aqui e ali. No chão, perto da janela, vimos pegadas como de onça. Mas era muito grandes. Até hoje, ficamos sem saber o que era. Mas pelo que contam, naquelas bandas, dizem que é o coisa ruim, que aparece pra assustar as pessoas em noite de lua cheia. Falando isso, olhou pra cada um de nós, com ar misterioso e arrematou o final da narrativa dizendo: - Pessoal, tá ficando tarde, e vi que a lua tá cheia, hoje. Hora de ir pra casa. Depois dessa história, o mais difícil era enfrentar os quase 300 metros, que separava a fogueira de nossas casas. Rapidamente, cada um pegou o seu rumo, alguns, mais apressados saíram correndo, mesmo. Tem gente que diz que é besteira, outras acreditam nas histórias do povo, marcadas pela tradição oral, como essa que o Tio Bizoga nos contou, lá nos tempos de nossa infância. Mesmo sabendo que é uma história, talvez, imaginada pela rica cultura nordestina, os aprendizados ficam. Por isso, quando você estiver andando por algum lugar à noite, uma rua, uma estrada ou um caminho qualquer, e for noite de lua cheia, e o céu estrelado, fique atento. Observe ao seu redor se há um par de olhos vermelhos, como brasa, a espreitar na escuridão. Se isso se confirmar, é melhor começar a correr, pois pode ser o coisa ruim o talvez a sua imaginação pregando mais uma peça.

AS PESSOAS MARRONS

Outro dia, ouvi o relato de uma mãe a respeito de uma pergunta, de seu filho, de apenas 05 aninhos, que a fez refletir sobre a vida. Criado em condomínio de luxo, em uma cidade da Grande São Paulo, tinha uma rotina bastante programada. De manhã, saia para a escolinha, de tarde natação e aulinhas de inglês. Ao final do dia, voltava para casa, transportado pelo motorista da família. Era recebido por uma das empregadas da casa, banho, roupinha cheirando a lavado, e depois a sopa como jantar. Com o cair da noite, o movimento na casa passa a diminuir. Os empregados terminam suas tarefas, e se preparam para a dura realidade da volta. Alguns sabem que terão de enfrentar ao menos duas horas no transporte público, que os levarão até os extremos da Metrópole para, no dia seguinte, reiniciarem a mesma Rotina. A mãe do garotinho chega em casa. Alta executiva de multinacional, com certa consciência de classe, abre a porta do quarto, abraça o filho, e com ternura lhe dá um beijo de boa noite. O menino acorda, sorri e pergunta: Mãe, pra onde vão as pessoas marrons?

CASO COMUM

O homem não pode ouvir de onde viera o disparo! A multidão correu desordenada, buscando lugar seguro. Sérgio, coitado, mal teve tempo de perceber o estampido e desabou sobre suas pernas trêmulas e abandonadas. Fadigado, como se estivesse pesando toneladas, sentiu o mundo se desvanecer. Em um lapso temporal, parecia habitar uma espécie de hiato entre o delírio e a realidade, desses que se vê em algum filme de boa ficção científica. Sentia-se como um grão de areia, soprado pelo vento suave entre as dunas de um deserto imaginário. As águas do mar gelado não refrescavam a sua boca, ao contrário, sentia o sal cortar seus lábios feridos de memórias esquecidas. - Onde estou? Perguntou para si, sem esperar qualquer resposta. Ao longe, o marulho das águas a espraiar-se pela orla, era como turba acentuada de sons indecifráveis. O suor desprendia-se do seu corpo, molhando o chão quente, sob o seu peso. Luzes, uma paisagem desértica. - Mas como estar, agora, em um lugar onde a vida se vai escorrendo para o fim? O som de sirenes se misturavam à paisagem estranha! Delirava! Freneticamente, o seu interior se convulsionava em meio ao abstrato e desconhecido. Alguns curiosos se aproximavam, vozes, burburinho, cochichos e sons, que se misturavam, confundindo realidade e devaneio. Uma voz, em meio ao tumulto, perguntou: - Alguém o conhece?

Outras vozes responderam: - Não, parece que não é daqui. Mais vozes replicavam: - Não toquem nele até a polícia chegar. Carros paravam, desviavam do homem inerte. Transeuntes se aglomeravam, palpites inundavam aquela breve pausa, quebrando a rotina do vai e vem das grandes cidades. Indiferente, agora, Ségio habitava um mundo diáfano, repleto de uma paz desconhecida, até então o seu corpo parecia flutuar entre o nada e o tudo. Sentia em seus pés o roçar da água gelada, que se contrastava com a quentura do chão. Suas pegadas iam sendo, pouco a pouco, apagadas pelo movimento lento e contínuo das águas invisíveis, fazendo-o esquecer os caminhos das memórias vividas e escondidas ao longo de sua vida. Agora, ele era todo areia, sol, vento, pedras silenciosas e seculares, banhada por aquele mar de mistérios. - Ele deve estar sofrendo muito! - É preciso levá-lo rapidamente para um hospital. - Não, não mexam nele, até a polícia chegar. - Mas ele pode morrer...As frases soltas e confusas preenchiam aquele vácuo. A polícia nada de chegar e Sérgio já não se importava com isso. À medida que o tempo escapava aprisionado pela ampulheta do desespero de muitos curiosos, isso parecia ter menos importância para ele. Por fim, a polícia chegou, fazendo o alarido de sempre. Feito o primeiro atendimento, agora era urgente transportar o ferido. A viatura disparara pela Avenida Principal, ziguezagueando, esforçando-se para chegar ao hospital mais próximo. Uma pausa e por fim aproximou-se da orla. Olhou o azul distante, tentando saborear a paisagem. Mais uma vez, sentiu o acariciar das águas geladas do mar. Agora se viu nu, sentiu o prazer da liberdade. Deitou seu corpo sobre as ondas, mergulhou profundamente em seus seios. Começou a nadar, distanciando-se da praia com lentidão e firmeza e movimentos contínuos. Aproximaram-se da entrada do hospital. Por pouco não ocorreu um grave acidente com uma ambulância, que também chegava ao local com um ferido grave. Na porta da emergência, arrumaram rapidamente uma maca e o carregaram. Correria, soro, primeiros socorros, enfermeiros suados, roupas brancas, luzes acesas, rostos preocupados e o sangue a se espalhar. Sérgio ausentava-se em sua completude, misturando-se com o horizonte na distância imaginária.

BÁRBARA

Uma réstia de luz invadi a tarde, enquanto nuvens de chumbo anunciam a chuva, que se aproxima. Gotas despencam do ar, orfãs de suas origens, transpassam a folhagem do jardim em busca do tempo aprisionado em folhas mortas e amarelas. Fragmentos de conversas secretas permeiam os passos apressados da mulher, que sobe pela alameda úmida; nua em roupas encharcadas, parece jogar xadrez com os desenhos geométricos das pedras regulares do calçamento. O ar exala terra molhada, que se mistura ao vento contido, adiando sentimentos, ilusões em lembranças quase apagadas. Bárbara apressa seus passos. Aperta o coração de medos escondidos, que parecem enforcar o peito, onde a linha da vida tangencia a perspectiva da partida, transcrevendo-se na paisagem interior. Onde estaria a mulher de olhar oceânico e sorriso ausente? Qual seria o sentido para o seu corpo e marcas com dizeres sufocados? Talvez seja isso que procura por esses caminhos desconhecidos. Onde está a casa de brinquedos, em que costumava guardá-los para o dia seguinte? Perguntas...perguntas... sem respostas! De onde vêm? De uma estranha, talvez? Reflexões inesperadas amedrontam a sua respiração, corroendo seu cérebro adormecido. Seus olhos tentam reconstruir o momento. O vazio a preenche, instantes de insanidade paralela. Bárbara parece cair ao chão. Seus pensamentos se escurecem, diante de uma fraqueza inevitável. Envolve-se em um turbilhão, no qual é difícil discernir lucidez e loucura, minando aos poucos todo o seu ser. No final da estreita rua, bem lá no alto, sua visão quase apagada reconhece o jardim; seus portões de altura mediana surgem entreabertos, congelados pelo último movimento que lhes permitiu se abrirem, rangem sobre a ferrugem que corrói sua própria estrutura. Bárbara vai se aproximando com o peso de séculos, encurtando a distância quase eterna. Dá mais um passo, apoia-se no muro, a casa se perde por detrás do esquecimento, esboçando uma lembrança momentânea. Uma casa, um dia branca, com floreiras alegres, talvez como aquela onde vivera quando criança. Nos fundos, os restos de uma casa de brinquedos, onde havia guardado todos os seus segredos e sonhos. Entre a alegria e o desespero, dúvidas: - O que fazer? Fugir? Encontrar? Partir? Chegar? Entre pensamentos sem respostas, questionamentos, apenas! Sua mão empurra o portão. Seu corpo atravessa pelo vão das memórias permitidas para (re) encontrar uma passagem de dor. Suas pernas ganham equilíbrio e avançam.

A casa tinha tamanho modesto. A fachada era de uma amarelo antigo. As janelas, como grandes olhos, miravam indiferentes a visita inesperada. A porta semidestruída impedia a passagem pela varanda, que se decompunha. Pelo quintal, o abandono pintava um cenário de tristeza em que Bárbara percebia-se. Mais curiosa do que assustada, aproximou-se do batente em desalinho. Um giro, e a maçaneta não resiste. Dá a volta e sob um lamento abre-se um vão, que permite Bárbara sentir o ar quente e mofado vindo do interior. Procura, na escuridão abundante, as memórias de seu passado em algum retrato sem moldura.

Caminha por onde supõe ter sido a sala. O mato brota do chão de madeira, entre as gretas esguias, ouve vozes de seu próprio respirar. De repente ratos debandam em marcha fúnebre. As paredes se suportam, vergando-se; virão abaixo a qualquer instante, antes que o galo cante três vezes. Um longo olhar para o nada e Bárbara revive, no absoluto, o século de seus ancestrais. Os quartos com suas janelas e portas abertas convidam a entrar no passado. Lá fora, a chuva continua a castigar a terra. À medida que se torna mais intensa, goteiras passam a brotar por todos os lados. Aos poucos, uma música passa a invadir todos os cômodos. Seus ouvidos ficam atentos, aguçados, procurando identificar de onde viria aquele som. Uma peça erudita, com andamento *Allegro ma non troppo*, conclui satisfeita, permeia o ar dos quartos desocupados, e dos corredores vazios. Chuva e som se misturam no ar. Bárbara é absorvida por aquele hiato, que se estende entre a nulidade e a existência. Um clarão faísca no céu. Um raio troveja desperto e faz estremecer os alicerces da velha casa. Perdida, agora, no reencontro de sua sanidade, não teme mais os lobos, que rondam seus medos diários, suas paixões e sentidos.

UM CONTO QUE NÃO FOI DO VIGÁRIO

O domingo transcorria normalmente na Igreja da pequena cidade. A noite estava quente e abafada. O povo se dirigia para lá, empertigados e convictos. Vinham dos lugares mais distantes, das roças, fazendas vizinhas; a pé, a cavalo ou mesmo de barco! O pastor, um tal Reverendo "Messias", era um homem simpático e muito carismático. Aparentava uns 50ª nos e reconhecido na região por sua bondade "divina" e sobretudo por ter chegado ao lugar sem um níquel, e hoje morava na melhor casa da cidade. Como ele havia ficado rico, ninguém sabia. O fato era que estava muito bem financeiramente. Mas voltemos a noite de hoje! Preparava-se para o culto noturno, dando os últimos retoques no discurso. Subiu ao púlpito, deu uma olhada geral e observou que a casa estava cheia. Não tinha lugar para mais ninguém. O ar cheirava "pesado", a corpos suados, sapatos apertados nos pés rudes daquela gente simples. Começou a sua pregação com a convicção habitual. No entanto, estava preocupado com o caixa da igreja, pois andava meio baixo e os seus negócios não podiam esperar o próximo mês, quando viria a nova "remessa" do dízimo, como de costume. Estava, assim, preso aos seus íntimos pensamentos, quando uma menina começou a passar mal, no auditório. Talvez, fosse o calor, pensaram alguns irmãos e tentaram acudi-la logo.

Nesse interim, um estranho brilho se apossou do nosso pastor naquele momento. E como o estrondo de um trovão, sua voz se fez ouvir: - É o demônio, Irmãos! Sim; precisamos bani-lo do nosso meio, aleluia. Tragam aqui essa pobre criatura. A menina foi levada até a frente. Seus olhos estavam semicerrados, cabeça baixa, um soluço anunciava o vômito próximo. Ela, coitadinha, quase não conseguia ficar em pé. O calor era insuportável! Os irmãos suavam em bicas dentro dos seus paletós fechados e sus camisas abotoados até o pescoço. - Aleluia, Irmão! Gritava freneticamente o pastor. - Aleluia. Respondia em coro a igreja. Hoje, meus irmãos, é um dia muito especial. Satanás está nessa menina e vamos enxotá-lo para bem longe. À medida que o seu discurso se inflamava, o burburinho dos fieis aumentava; àquela altura já não era entre os fiéis aumentava. O barulho era geral e ensurdecedor. O pastor gesticulava, andando de um lado para o outro, freneticamente, segurando e segurando a menina pelos braços. No clímax da cena, entre o primeiro e segundo ato, podia-se observar um outro movimento, paralelo aos apelos do pastor. Entre os fiéis circulava um saco vermelho, onde era depositado a "oferta da boa vontade". -Deus está presente, agora! Mostre que são fortes, irmãos. Depositem o que puderem no "saquinho da esperança", e Deus ficará contente. Vamos mostrar para Satanás a nossa força e união. Empolgados pela emoção, os irmãos iam colocando no "saquinho da esperança", aquilo que podiam e, muitos, o que não tinham. Eram relógios, pulseiras, notas graúdas ou não, enfim, tudo o que tinham. Com um olho aberto e outro fechado, o Reverendo ia conduzindo o seu rebanho. Quando percebeu que o "saquinho da esperança" estava abarrotado, disse: - Satanás, você é um covarde! Por que não aparece para me enfrentar cara a cara? Nesse meio tempo, a menina, que tinha sofrido um mal-estar momentâneo, já estava recobrando os sentidos. Ainda bastante assustada, tentava entender tudo aquilo que estava se passando. Voltando-se para ela, o "Messias" perguntou: - E você filha, como está? Se você quiser demonstrar a sua fé e força é só depositar no "saquinho da esperança" E com um sorriso malicioso nos olhos, arrematou para a sua igreja: - Queridos irmãos, esta filha de Deus está salva! Satanás não é forte o suficiente para nos derrotar. - Aleluia, aleluia gritavam extasiados os fiéis. A música tomou conta de todos naquele momento. E mais uma alma estava "salva" do inferno; e, mais uma vez, os negócios do Reverendo estavam salvos da perdição.

Amém!

O DIA DO PLANETÁRIO

Quando se chega a uma determinada idade, eu nos quase 60 (e você?), as memórias afloram como vivências atemporais, que preenchem o presente, fazendo degustar essas experiências como aqueles doces que dão água na boca. Como linguista, aprendi, na perspectiva da Análise do Discurso, que no processo cognitivo, de construção do sentido, há duas memórias: a de curto e a de longo prazos, esta última relacionada com as lembranças sociais. No entanto, essa abordagem mais acadêmica, e menos literária, certamente deixaria o texto frio e distante das emoções, e por isso fugiria desse momento do sentir. Portanto, é na direção de uma boa conversa, que hoje trago " O dia do

Planetário"; e lá vamos nós, de volta a Escola Estadual "Deputado Silva Prado", localizada em um bairro da Zona Leste, em São Paulo, por volta dos anos de 1970. A noite ia chegando, e à medida que o horário de saída dos ônibus se aproximava, a euforia aumentava. A ideia de conhecer o Planetário deixava de ser abstração para se tornar realidade. Cada ônibus levava uma ou duas turmas; o embarque ocorreu em frente aos muros, próximos ao portão principal. O burburinho agitava o interior do nosso veículo, onde risadas, olhares, cumplicidades desenhavam o clima de festa, mesmo pairando no ar "a sombra" da então temida diretora mão de ferro Aparecida Guidorizzo, ou do inesquecível Paulino, bedel fiel às normas e disciplina. Durante o percurso, me lembro, nitidamente, das análises do Serafim, colega de classe, que falava como um especialista, sobre a empresa responsável pelo transporte a "Manzalli"e o tipo de ônibus, motor e seu desempenho, câmbio e etc... Serafim trabalhava na feira livre com seus familiares. Branco, "gordinho", maçãs das faces vermelhas, acredito, sem convicção, que era descendente de portugueses. Outros nomes também vêm a minha mente, enquanto revivo aquele momento. Aleatoriamente, me recordo da Tarita, uma japonezinha muhito sorridente, o Ratinho, hoje meu amigo Zeca Teodoro, o Bula, hoje Paulinho e tantos outros que fizeram parte dessa história. O comboio deixava a distante Zona Leste, da Capital, rumo ao Parque do Ibirapuera, bairro nobre, onde se localiza, até os dias de hoje, o Planetário, nosso porto de chegada. Ainda a caminho, recordo a letra de uma melodia improvisada, que dizia "corre, corre, corre, se não correr garcia morre". Todos cantavam entusiasmados aquela música, no entanto, do "Garcia", mesmo, pouco me lembro, apenas alguns traços fisionômicos que ficaram guardados e muito menos saberia dizer o porquê de escolherem o seu nome, como mote da canção-brincadeira. Ônibus estacionado, a fila, a expectativa no grau máximo, e finalmente a entrada no esperado espaço. O interior da sala era iluminado a meia luz, ainda sem estrelas; era como se estivéssemos em uma sala de cinema circular, com uma grande máquina meio tubular ao centro, e a tela parecia estar no teto, como em uma nave central de alguma catedral antiga. Naqueles tempos, a imaginação contava muito, pois não havia o mundo digital para facilitar.

Viviamos, literalmente, uma vida analógica, regida pela concretude. O que ia além disso era pura ficção científica, que aliás, sempre fui um fã inverterado! Aos poucos, a fraca iluminação ia cedendo espaço para um "entardecer" que, na sua artificialidade, aguçava, ainda mais, a nossa curiosidade. À medida que a sala "anoitecia", alguns pontos luminosos começavam a aparecer no "céu". Aos poucos, "estrelas" salpicavam por todo o "espaço celeste". Uma narrativa indicava e identificava as diferentes constelações, planetas com suas características próprias. Era um verdadeiro show de tecnologia, regado a uma emoção indescritível para muitos de nós. Tudo foi tão fantástico, que, quando nos demos conta, pelas bordas inferiores do teto, uma cor alaranjada começava a indicar que a "noite" estava no fim, pois o "sol" estaria despertando para um novo dia. Logo em seguida, o fim da sessão. O dia No Planetário foi inesquecível! Fizemos a viagem de volta, ainda com os nossos olhos pregados naquele céu artificial, que alimentou nossos pequenos sonhos de criança, durante muito tempo. Tanto isso é verdade, que hoje estou aqui, revivendo essas memórias, compartilhando essa incrível experiência, que chamo de revivência.

O VENDEDOR DE AMENDOIM

Dando sequência ao resgate de textos, produzidos ainda na juventude, hoje compartilho com vocês outro cconto, com o título: "O vendedor de amendoim". O diferencial, nessa narrativa, de alguns outros textos, é que foi inspirada em uma das muitas viagens, que fiz a minha cidade natal, desde criança, o Rio de Janeiro, particularmente, ao bairro de Campo Grande. Hoje, dia 07 de junho, quando completo 60 anos, fico feliz, não só por ser um sobrevivente, mas pela possibilidade de fazer uma espécie de retrospectiva, na qual constato que minha vida é marcada por uma linha de coerência, alinhavada pela inconformidade com a desigualdade e a injustiça social. Tenho outra observação, referente ao seguinte trecho do diálogo: " Ei garoto, quanto custa o canudinho? - Um cruzado Sinhô". A palavra "cruzado", no texto original, foi substituída pela expressão "real" para ficar contextualizado aos dias de hoje.

Vamos à história.

Boa leitura e se puderem deixem os seus comentários.

Tuc! Tuc! Tuc!

O trem chacoalhava, parecia murmurar uma canção rimada no caminho de ferro para o subúrbio. Eram três horas da tarde e Campo Grande ainda estava longe.

Eu cochilava, sentado no incômodo banco de madeira. Ouvia, ao longe, o grasnar de uma voz aguda: - Olha o amendoim. Amendoim quentinho! Não dei bola da primeira vez. Pensei que deveria ser mais um desses moleques de rua, que vagam por ai, sem destino. Procurei voltar para o meu cochilo. Mal havia fechado os olhos, e ouvi outra vez: - Amendoim! Olha o quentinho. Já era a segunda vez, que ele passava por ali. Resolvi, então, prestar atenção para saber quem era o insistente vendedor. Olhei de soslaio, e vi se aproximar um menino de uns treze anos, talvez. Quando passou por mim, perguntei: - Ei garoto, quanto custa o canudinho? - Um real pro sinhô! - Me dá um, então. Escuta, guri, há quanto tempo você vende amendoim no trem? - Sei não, moço. Nunca parei pra pensá. É o que faço o dia todo. Fiquei intrigado com aquela figura mirrada e alegre, diante de mim e fui perguntando: - Você está estudando? - Eu bem que tentei, moço. Mas isso não é coisa pra favelado, não. Ou a gente descola o rango ou estuda. Escola é coisa pra rico. - E o que você faz, além de vender amendoim? - Ah, depois que saio do trem e subo o morro, vou lá pro barraco, ficar com a mãe. Não tenho pai, e eu que dou o trampo. Tem dia que bato uma pelada no Beira Linha, na zaga, com a camisa do "Fogão", que ganhei de um amigo.

- Fiquei pensativo! Não havia parado para pensar como seria a vida de uma criança, inserida naquela realidade. Aproveitando o momento da minha mudez, o garoto foi dizendo: - O moço, não tenho tempo pra ficar jogando dinheiro fora! Obrigado pela compra. Dizendo isso, deu um sorriso cristalino, que contrastou com sua pele negra. Pegou a nota enfiou no bolso, e saiu sambando, como quem calça o ritmo nos pés, sem saber o porquê, arrastando suas havaianas surradas e os seus sonhos. Antes que eu pudesse falar qualquer coisa, perdeu-se da minha vista, no meio dos passageiros, indiferentes ao nosso diálogo momentâneo. Ao longe, ainda podia ouvir: - Olha o amendoim, olha o amendoim, quentinho.

UM ASSENTO PARA DOIS

Estavam frente a frente, no estreito corredor do ônibus municipal. O Senhor mais velho disse para o Jovem: - Por favor Cavalheiro, queira sentar. - Não, o Senhor chegou primeiro. Não, o Senhor. Faço questão de que se sente no meu lugar. Afinal, as pessoas não pensam umas nas outras, e acho isso terrível. - É, o Senhor tem toda razão. Esse é mais um motivo para que o Senhor se sente! - Meu jovem, disse o Senhor de cabelos grisalhos: - Você já parou pra pensar na dificuldade de nossas vidas? Acordar cedo, ônibus lotado... - Nem quero pensar. A vida anda tão difícil! - Sabe, meu jovem, disse o Senhor de cabelos grisalhos, em tom paternal: - Sou de Araraquara. "Êta" cidade boa! Vim pra São

Paulo, há uns vinte anos. - Que coragem, disse o jovem, entabulando prosa. Se bem que naqueles tempos, tudo parecia ser mais fácil, né? - É verdade, maneando a cabeça verticalmente. A essa altura do trajeto, o interior do ônibus estava irreconhecível. Não havia espaço para mais ninguém, de tanta gente! Foi quando um passageiro mais exaltado gritou: - Ei Moço! Se não vai sentá, dá licença, que eu tô cansado. - Eu não vou mas este Senhor vai. - Eu não, respondeu o senhor de cabelos grisalhos. É este Moço que vai.

Nesse intervalo de tempo, a confusão se armou. - Quero sentar, gritou o passageiro exaltado. - Calma, calma, que o amigo aqui é o dono do assento. Ponderou o Senhor de cabelos grisalhos. A essa altura do campeonato, a confusão era geral, outros pasasgeiros também começaram a se acotovelar e gritar que queriam sentar. Vamos fica quietos, falou em voz alta o motorista e arrematou: - Quem, afinal das contas, vai sentar? - Eu não, disse o Jovem. É este Senhor. - Eu não, é o Cavalheiro. - Não, é o Senhor, com um tom de certa irritabilidade. - Está bem, está bem, eu irei sentar. disse o Senhor de cabelos grisalhos, fazendo ar de derrota, acrescentando: - Não quero que me leve a mal por aceitar sentar. Não quero parecer mal educado. E antes que pudesse esboçar qualquer atitude, o ôibus parou e todos começaram a descer. Havia chegado ao ponto final.

O TREM PARA ANASTÁCIO

Antes de compartilhar esse conto com vocês, caros leitores, gostaria de confidenciar um de meus gostos preferidos, que é viajar de trem. Sempre fui uma espécie de ficcionado por esse modelo de transporte de passageiros, que, infelizmente, foi se deteriorando no Brasil até, praticamente, desaparecer da vida de nós brasileiros. No entanto, a memória ferroviária, o trem e suas peculiaridades ficaram enraizados na cultura popular, sendo expressos por meio das mais variadas manifestações artísticas. Nessa perspectiva, inclusive, há alguns anos, criei um projeto denominado "Música sobre trilhos", que tinha o objetivo de resgatar essa memória ferroviára na música popular brasileira.

Dentre as pérolas que encontrei, posso destacar "Ponta de Areia", com Milton Nascimento, "O Trenzinho Caipira", de Villa Lobos, "OTrem das Onze", de Adoniram Barbosa, e algumas outras preciosidades. Essas e outras músicas poderão ser encontradas em nosso blog "Caminhos de Ferro", que está no ar.

Vamos à história.

Desceu de seu carro, caminhou alguns metros e avistou logo à frente a arquitetura antiga. Absorvido em seus pensamentos, João tentava decifrar os rabiscos, que a chuva desenhava no pátio alagado da estação. O dia estava cinza, como tantos outros nessa época do ano. O lugar estava vazio, não marcava os horários; aliás não passava por ali qualquer trem há um bom tempo. Os trilhos quase não podiam ser vistos, perdiam-se entre dormentes apodrecidos desses caminhos esquecidos. Bancos quebrados olhavam para a plataforma deserta, sem passageiros e suas vidas misteriosas. O piso trincado por rachaduras expunha memórias escondidas. João olhava, mas não via, apenas pensava (...) Chu ... chu ... chu ... - Atenção, Senhores passageiros! O próximo trem para Anastácio partirá dentro de cinco minutos. Queiram ocupar seus assentos e boa viagem. Piui , chu ...Piui ...Chu chu chum chuchchchchchchchchchcchh (...) Anástácio, uma pequena cidade o interior paulista. Com pouco mais de 5.000 habitantes, vivia basicamente da agricultura, muito embora já sofresse os reveses da industrialização, e da modernização incentivadas pelo governo de Juscelino. A febre do progresso em pouco tempo invadiu as casas e tomou a cidade. Surgia a televisão, sinônimo de vanguarda na comunicação de massa. Os automóveis enchiam as recentes e bem construídas estradas de rodagem, que começavam a traçar um novo traçado urbano.

João, em suas lembranças mais antigas, sentia o balouçar do vagão, jogando de um lado para o outro em um chacoalhar incessante. - Próxima estação: José de Moura,! Alertou o bilheteiro, que ticava as passagens, conferindo, com ar de seriedade, se tudo estava certo. Era comum, ao longo da via férrea, o trem parar em lugarejos esquecidos por Deus. João de Moura era uma dessas localidades. Com apenas duas ruas descalças, e um punhado de pequenas casas, denunciava a pobreza da região. Naquela época, o trem era o encanto da garotada e um dos únicos meios de transporte de massas de longa distância. Quando ia se aproximando da estação, as crianças corriam, ao lado dos vagões, acompanhando a chegada do "gigante" de ferro. Encantados pela magia das rodas, e o ruído do atrito com os trilhos, agarravam-se aos vagões, pegando uma breve carona até parar na estação da cidade. Era como se estivessem em um carrossel, só que, em vez de ser circular, andava em linha reta. O seu Antonio Queiroz, empregado da Sorocabana, há mais de 30 anos, em vão tentava fazer com que descessem. E gritava com voz rouca: - Desçam daí seus moleques! - É perigoso e vou contar tudo para os pais de vocês. Mas, apesar desse esforço, ninguém dava bola para o seu Antonio. Aos poucos, João de Moura foi ficando para trás. A viagem prosseguia e ao lado de João, sentava uma senhora muito gorda, transpirando por todos os poros. Cochilava, acordava, acordava, cochilava ao sabor do ritmo do trem. Incomodado, João dava cutucões na senhora. Tossia, pigarreava, inutilmente, tentando acordá-la. Fazia mais de 20 anos, que tinha deixado Anastácio. Rascunhava esboços para compor alguns quadros em sua memória antiga. Lembrava-se do Zé, menino órfão, que perambulava pelas ruas da cidade. O velho Mané, não o Garrincha, mas outro, que também era fanático por um jogo de bola. De repente, surge em sua mente o rosto do Antenor. Por onde andaria o intelectual do grupo? Nas noites frias, era comum vê-lo dando instruções para pregar peças, nos transeuntes desavisados, com as brincadeiras de assustar, como diziam. Ainda havia muitos terrenos vazios, na cidade, e alguns com mato alto, com atalhos para cortarem distâncias entre um bairro e outro. E era justamente nesse caminho que aprontavam suas peças preferidas. Uma delas era a seguinte: faziam olhos em caixas de papelão, como se fossem cabeças humanas. Em seguida, colocavam uma vela acesa em seu interior, e deixavam à beira do caminho. Escondidos, aguardavam ansiosos a reação de suas futuras vítimas e, ao final, após o resultado conquistado, era um festival de boas gargalhadas. A chuva ainda persistia fina, desenhando seus enigmas pelo cimento velho, enegrecido pelos anos. E João, ali, parado, esperando o trem para Anastácio, que não mais chegaria. Aos poucos, foi saindo de uma espécie de torpor. Passou o braço pelo rosto, afastando as gotas de chuva, que embaçavam e distorciam a sua visão. Olhou mais uma vez o cenário, que se desenhava em sua mente.

Voltou-se, agora, para o seu automóvel. Caminhou em sua direção. Abriu aporta, deu a partida e Anastácio foi se perdendo na distância.

Sobre o Autor

 É professor e pesquisador universitário, na área da Linguísta Aplicada, com pós-doutorado em estudos da linguagem e construção de sentido pela pessoa com deficiência visual. Seus estudos foram desenvolvidos na Universidade de São Paulo. Atualmente, além dos escritos acadêmicos, vem se dedicando a reorganizar sua produção, fora do contexto acadêmico, em particular aqueles de cunho literário, muitos deles ensaiados ainda em sua juventude. Além de escritor, aventura-se pelos caminhos da música, tendo lançado de forma independente o seu álbum "Entre uma e outra palavra", que inspirou o título deste livro.

No mundo das artes, tem participações em festivais e concursos literários com diversas premiações.

Made in the USA
Columbia, SC
18 April 2023

15037589R00107